MACHINES DYNAMO-ÉLECTRIQUES

A COURANT CONTINU

FASC. 13.

ENCYCLOPÉDIE
ÉLECTROTECHNIQUE

PAR

UN COMITÉ D'INGÉNIEURS SPÉCIALISTES

F. LOPPÉ, INGÉNIEUR DES ARTS ET MANUFACTURES
SECRÉTAIRE

MACHINES DYNAMO-ÉLECTRIQUES
A COURANT CONTINU

Théorie, Enroulement et Construction

Par **L. BARBILLION**

PROFESSEUR DE PHYSIQUE INDUSTRIELLE A LA FACULTÉ DES SCIENCES
DIRECTEUR DE L'INSTITUT ÉLECTROTECHNIQUE DE L'UNIVERSITÉ DE GRENOBLE

et **P. BERGEON**

SOUS-DIRECTEUR DE CET INSTITUT

PARIS

LIBRAIRIE DES SCIENCES ET DE L'INDUSTRIE

L. GEISLER, IMPRIMEUR-EDITEUR

1, rue de Médicis, 1

1912

MACHINES A COURANT CONTINU

CHAPITRE PREMIER

Généralités sur la constitution et le fonctionnement des dynamos à courants continus.

REMARQUE. — On supposera connus les principes essentiels constitutifs de ces dynamos pour lesquels on voudra bien se reporter aux traités classiques sur la matière (1).

PRINCIPES GÉNÉRAUX D'ÉTABLISSEMENT DES DYNAMOS

Une dynamo comporte essentiellement, en outre du circuit induit, un circuit inducteur, par lequel est engendré le flux magnétique destiné à parcourir le fer de l'induit et à développer dans les conducteurs garnissant la périphérie de cet induit les f. é. m. d'induction nécessaires à la réalisation d'une puissance électrique utilisable.

Si l'on coupe par un plan perpendiculaire à l'axe de la machine le système précédent, et qu'on rectifie le développement, on obtient la représentation ci-contre (fig. 1), dans laquelle les conducteurs induits sont représentés par des cercles (puisqu'ils sont perpendiculaires au plan de la figure).

---

(1) On consultera avec intérêt à cet égard notre *Cours municipal d'électricité industielle* (courants continus) Geisler éditeur, à Paris.

On sait que la f. é. m. d'induction développée dans un conducteur déplacé dans un champ magnétique a pour valeur :

$$c = \mathfrak{B}LV.$$

en représentant par $\mathfrak{B}$ la valeur de l'induction au point précis où se trouve ce conducteur, par L la longueur de ce conducteur réelle-

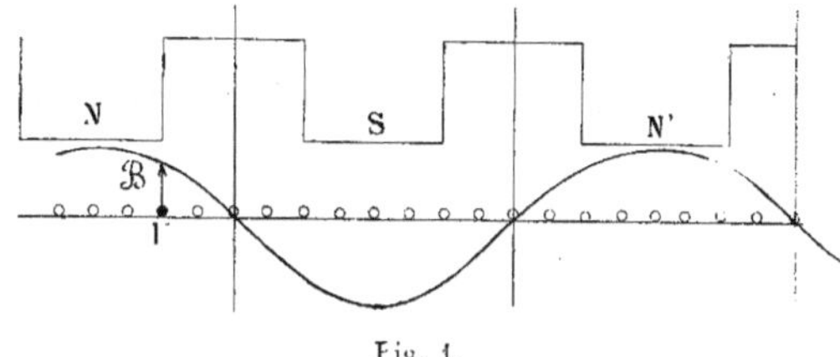

Fig. 1.

ment soumise à l'action des lignes de force, enfin par V la vitesse tangentielle du dit conducteur dans le champ.

On se rappellera également (voir notre *Cours municipal d'Electricité industrielle*) que, si l'on convient d'affecter les trois premiers doigts de la main gauche aux représentations successives du *champ* ($\mathfrak{B}$ induction, considérée comme positive en face d'un pôle nord) *du chemin* (V) et du *courant*, la f. é. m. d'induction développée est dirigée suivant le *médius* (courant) de cette même main gauche (génératrice). (Règle des trois doigts de Fleming modifiée).

On notera également que, pour que la *même machine*, pourvue de la *même excitation*, tourne dans le *même sens* en moteur, il faut que le courant envoyé dans le conducteur considéré soit de sens contraire à celui de l'expérience précédente. On en déduit aisément que la représentation du *champ*, du *chemin* et du *courant* dans la marche en moteur est aussi facile que dans la marche en générateur, à condition d'utiliser dans le même ordre et pour les mêmes objets les trois premiers doigts de la main droite.

Sommation des forces électro-motrices.
Induit en anneau.

Il est bien évident que les machines du type de celle étudiée précédemment ne seront industriellement utilisables que si l'on arrive à réaliser une sommation de f. é. m. convenables permettant de constituer aux bornes de la machine une tension ou différence de potentiel également convenable.

Imaginons que nous constituions cet induit par un enroulement continu, bobiné directement sur le fer, et que les portions périphériques de ces conducteurs (celles situées dans l'entrefer) soient dénudées, c'est-à-dire privées de leur isolant. Un système de frotteurs (balais) en nombre égal à celui des pôles $(2p)$ mais calés sur les lignes *d'induction neutre*, déterminera sur l'induit $2p$ sections dans lesquelles les f. é. m. seront sommées de balais à balais, la jonction

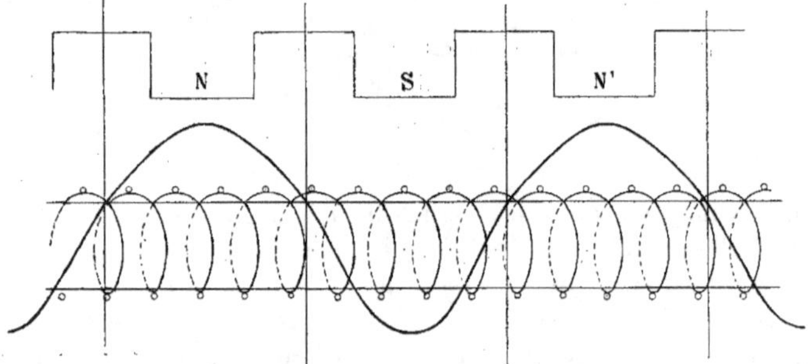

Fig. 2.

de ces conducteurs actifs s'effectuant par l'intermédiaire des conducteurs intérieurs. Cette disposition caractérise essentiellement *l'induit en anneau*. Elle est due, comme on le sait, à Gramme (fig. 2).

On remarquera que les balais ainsi calés sont alternativement positifs et négatifs (positifs, ceux concentrant dans l'induit les courants qui peuvent prendre naissance lorsque les circuits *générateurs*, doués comme nous l'avons vu, de f. é. m. d'induction, sont fermés sur une résistance extérieure, négatifs, ceux voyant s'éloigner d'eux dans l'induit ces mêmes courants).

Les *balais positifs* de la machine seront donc ceux qui, reliés au réseau extérieur, serviront de pôles de sortie au courant engendré. Par les *balais négatifs* reviendra le courant, après travail sur le circuit extérieur.

Force électro-motrice d'induction
totale de la machine.

La machine génératrice ainsi constituée donnera évidemment une f. é. m. entre balais représentée par la somme Σe_i des f. é. m. partielles développées dans chacun des conducteurs, $\mathfrak{B}$ représentant l'induction au point considéré. On notera à cet égard les égalités intuitives:

$$\Sigma e_i = LV \Sigma \mathfrak{B}_i = \frac{n}{2p} LV \mathfrak{B}_{moy},$$

en appelant n le nombre total de conducteurs périphériques, $2p$ le nombre de pôles inducteurs et enfin $\mathfrak{B}_{moy}$, la valeur moyenne de l'ordonnée de la courbe d'induction dans l'entrefer.

Si l'on appelle Φ_p la valeur du flux *magnétique* s'échappant d'un pôle pour gagner l'induit, on a évidemment, par les définitions mêmes de ce flux et de l'ordonnée moyenne $\mathfrak{B}_{moy}$:

$$\mathfrak{B}_{moy} \frac{\pi DL}{2p} = \Phi_p.$$

D étant le diamètre de l'induit, donc, la portion dorsale de cet induit affectée au passage du flux inducteur étant égale à:

$$\frac{\pi DL}{2p},$$

il en résulte immédiatement pour expression de la f. é. m. entre balais, si l'on appelle N le nombre de tours par seconde de la machine:

$$E = \frac{n}{2p} LV \mathfrak{B}_{moy} = \frac{n}{2p} L\pi DN . \frac{\Phi_p}{\left(\dfrac{\pi DL}{2p}\right)},$$

ou enfin l'expression:

$$E = nN\Phi_p,$$

dans laquelle nous rappellerons que:

> n est le nombre total de conducteurs périphériques, donc actifs,
> N le nombre de tours par seconde de la machine,
> Φ_p la valeur du flux qui s'échappe d'un pôle.

REMARQUE. — On a donc, en somme, trois moyens à sa disposition pour produire avec une machine dynamo, une f. é. m. convenable: action sur le *flux inducteur*, action sur la *vitesse*, action sur le nombre de *conducteurs actifs*. Cette dernière action est du reste toute théorique, car on ne peut qu'exceptionnellement changer la constitution de l'induit.

Induit en tambour.

On peut réaliser une économie importante sur le cuivre installé sur l'induit, en employant l'enroulement tambour au lieu de l'anneau, c'est-à-dire un mode de constitution des circuits induits n'utilisant que des conducteurs périphériques sans retour par les parties intérieures du paquet de tôles constituant le fer induit. Il suffira, pour

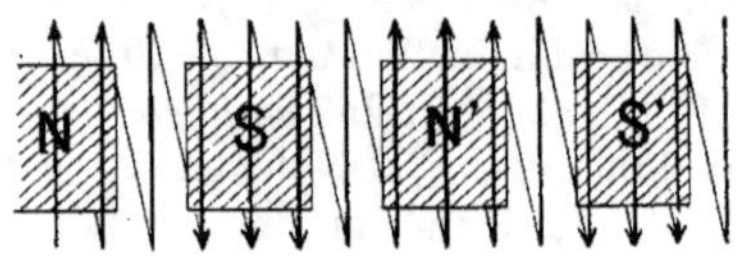

Anneau

Fig. 3.

sommer les f. é. m. nécessaires, d'associer les conducteurs occupant des situations convenables sous des pôles différents et de joindre ces conducteurs par des connexions latérales (par bouts).

Imaginons que la machine dynamo de tout à l'heure soit fendue suivant un *plan axial* et que les *surfaces intérieures des pôles inducteurs*, comme la surface extérieure de l'induit, soient développées sur un plan. Nous aurons la représentation ci-contre, dans laquelle

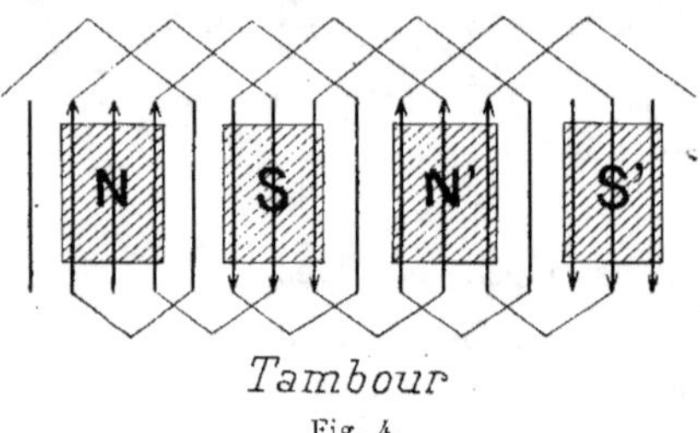

Tambour

Fig. 4.

l'observateur serait supposé dominer la surface dorsale de l'induit et voir celle-ci partiellement masquée par les projections des pôles correspondants.

La figure 3 représente le développement d'un anneau, la figure 4 celui d'un tambour.

Formule générale donnant les forces électromotrices.

Quel que soit le mode d'enroulement ou d'association des f. é. m. adopté, (nous étudierons ces modes à propos des enroulements) on démontre aisément, et nous l'admettrons pour l'instant, qu'en appelant $2p_1$ le nombre des circuits *dérivés*, 2p le nombre de paires de pôles, la f. é. m. est donnée dans tous les cas par la formule :

$$E = \frac{p}{p_1} n N \Phi_p.$$

Remarque I. — **Machines à disque.** — Nous avons omis systématiquement, dans ce qui précède, toute allusion aux machines à disque, c'est-à-dire à celles dans lesquelles les conducteurs induits sont disposés sur un plateau tournant entre deux couronnes de pôles inducteurs. Ces machines n'ont plus aujourd'hui qu'un intérêt rétrospectif : elles nécessitaient, comme on le comprendra aisément, un très grand entrefer, donc une très grande dépense d'excitation.

Remarque II. — **Machines homopolaires, unipolaires, etc.** — Nous ne nous arrêterons pas non plus aux machines homopolaires, uni-

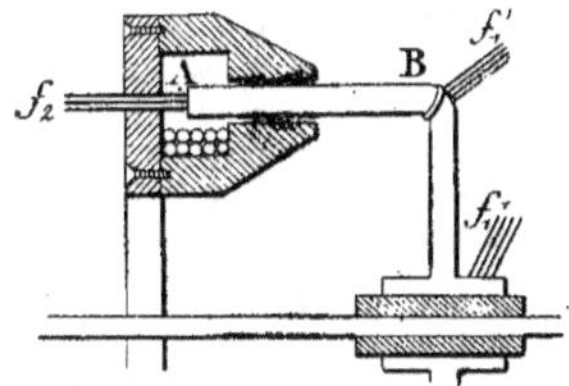

Fig. 5.

polaires, etc., dont certaines présentent néanmoins un très grand intérêt théorique et qui consistent essentiellement toutes dans l'augmentation continue du flux coupé par l'induit, donc dans l'utilisation de la relation $e = LV\mathfrak{B}$, $\mathfrak{B}$ restant plus ou moins constant dans cet entrefer.

La plus connue de ces machines est celle de Thury, du type célèbre dit à *cloche*, dans laquelle une cloche induite se déplace en effet, dans l'entrefer d'un circuit magnétique dont toutes les lignes de force sont de même sens (fig. 5).

Constitution des machines dynamos en pratique.

La constitution schématique des dynamos que nous avons donnée se modifie en pratique de la façon suivante :

Les enroulements, au lieu d'être dénudés sur leurs parties périphériques pour conservation d'un contact avec les frotteurs, seront au contraire reliés de loin en loin par des connexions convenables aux lames d'un *collecteur*. On verra sur le développement ci-dessous que cette disposition est absolument équivalente à la précédente, les enroulements constitués par les conducteurs en série étant reliés au réseau extérieur par des balais fixes et par l'intermédiaire des lames, à chaque instant différentes, mais momentanément en contact avec les dits balais.

Les figures 6 et 7 sont respectivement relatives aux modes de connexions avec le collecteur des *bobines* d'un *anneau* et d'un *tambour*.

On remarquera que les bobines des machines modernes ne com-

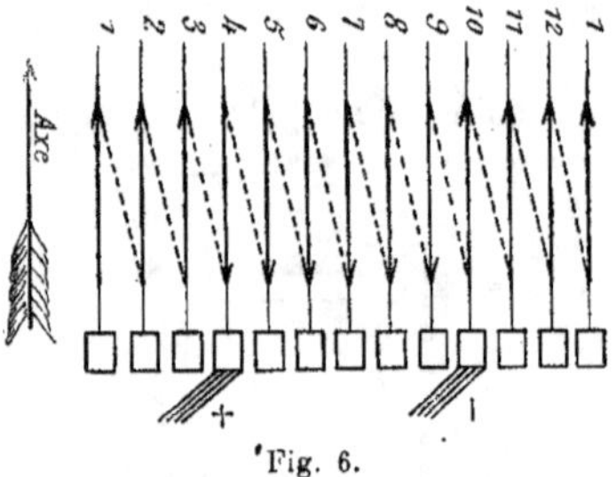

Fig. 6.

portent généralement qu'un nombre de spires peu considérable logées dans des encoches, ou plus rarement dans des trous, ménagés sur le fer de l'induit.

Alors que, comme nous le verrons, les enroulements d'induits en

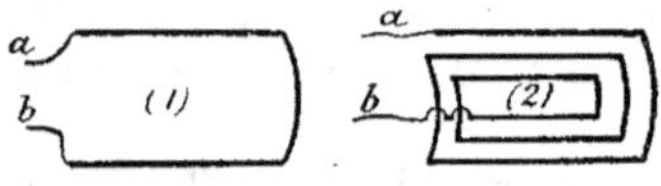

Fig. 7.

anneau sont généralement peu compliqués, (ils tendent cependant à être abandonnés, en raison de leur cherté et aussi de la plus grande self-induction qu'ils présentent), les enroulements en tambour prêtent beaucoup plus matière au problème d'intéressantes associations de conducteurs. Ces conducteurs peuvent être associés en cadres ou bobines, découpant par leurs plans moyens, des cordes sur l'induit et constitués par des conducteurs actifs raccordés par des connexions postérieures (anti-collecteur ou faux collecteur) et antérieures (côté collecteur).

Suivant que les connexions AV (collecteur) se font ou non dans le même sens que les connexions arrière (AR), on dit que l'enroulement est *ondulé*, ou *imbriqué*. Les liaisons au collecteur seront de même nature dans chaque cas, mais la position des balais destinés à collecter les courants issus d'un secteur de $\dfrac{n}{2p}$ conducteurs sera évidemment liée au mode adopté. On ne pourra plus parler à priori de calage de balais sur les lignes neutres, mais de calage sur les génératrices du collecteur délimitant les ensembles de lames correspondant à une série de cadres dont les f.é.m. d'induction se totalisent.

MODES D'EXCITATION DES DYNAMOS

La création du flux Φ_p, que nous avons vu devoir être créé pour donner naissance à la f. é. m. d'induction développée dans les conducteurs, peut être réalisée de diverses façons.

a) On peut faire appel à une *source extérieure*, à qui est confiée la mission d'exciter les électro-aimants constitués, en somme, par les pôles ; on a alors la dynamo dite à *excitation indépendante*.

b) On peut aussi faire appel au courant propre de la dynamo, ou à une dérivation de ce courant, pour réaliser l'excitation des électros. Si ces électros sont constitués avec des fils fins et nombreux, donc destinés à ne supporter qu'un courant relativement restreint, on branchera le circuit inducteur sur les bornes de l'induit et l'on réalisera ainsi la *dynamo en dérivation* ou *shunt*.

Si, au contraire, on désire utiliser le courant principal fourni par la dynamo au réseau extérieur, pour créer le flux inducteur, on constituera les spires excitatrices, ou ampères-tours, par du fil de même section que celle de l'induit, donc parcouru par un courant beaucoup plus fort que dans le premier cas, et on aura ainsi réalisé la *dynamo série*.

Ces deux types de dynamos, l'une et l'autre auto-excitatrices, présentent des propriétés tout-à-fait différentes. Nous aurons l'occasion de les examiner plus loin.

Il est quelquefois utile de faire appel aux deux modes combinés d'auto-excitation, le mode série ne constituant naturellement qu'un appoint par rapport au mode shunt. On obtient ainsi une *dynamo compound* qui comprendra un enroulement inducteur shunt principal complété par un enroulement série, que cet enroulement série soit extérieur ou intérieur aux bornes de l'enroulement shunt (dynamo à courte ou à longue dérivation).

Ces deux dispositions sont à peu près équivalentes, eu égard à la très faible chute de tension dont est le siège l'enroulement série d'une dynamo compound.

NOTIONS GÉNÉRALES SUR LA RÉACTION D'INDUIT DANS UNE DYNAMO

Nous avons vu que dans toutes les machines, la tension aux bornes variait, d'une manière plus ou moins considérable, au fur et à mesure que se modifiait le régime de charge de la dynamo ou, plus expressément, le courant fourni au réseau extérieur.

On démontre, dans tous les traités classiques, que l'induit, lorsque les balais sont calés sur la ligne neutre, se comporte, nous l'avons dit, comme un aimant dont les pôles sont en quadrature avec ceux constitués par les inducteurs proprement dits. Le flux émis par l'in-

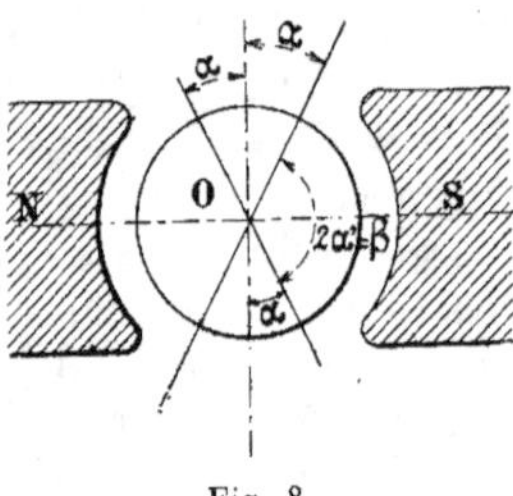

Fig. 8.

duit, dans ce cas, est dit purement transversal. Il a pour effet de rendre dissymétrique, dans les pièces polaires notamment, le flux inducteur propre. Le nombre d'ampères-tours créateur de ce flux dû à l'induit est donné par la formule :

$$\frac{n}{2} I_a.$$

I_a étant le courant traversant l'un des n conducteurs périphériques de l'induit.

On remarquera que, si l'on a affaire à un induit en anneau (bipolaire pour simplifier) les $\dfrac{n}{2}\,I_a$ ampères-tours de la moitié supérieure de l'anneau n'embrassent que la moitié de la section utile du fer.

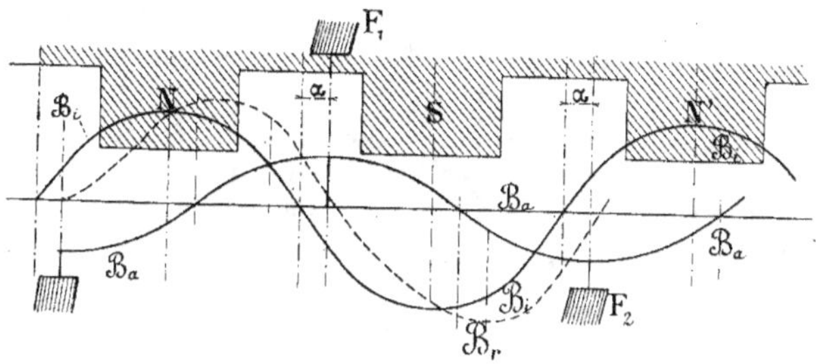

Fig. 9.

Donc, pour le circuit magnétique complet constitué par les deux moitiés d'induit en parallèle, nous aurons encore $\dfrac{n\,I_a}{2}$ ampères-tours.

Si, pour des raisons que nous allons voir, on est amené à décaler les balais d'une certaine quantité par rapport aux lignes d'induction neutre déduite de la position du flux inducteur propre, on fait apparaître un flux antagoniste dû à un certain nombre d'ampères-tours d'induit portant le même nom (amp.-tours antagonistes) et qui ont pour expression :

$$\frac{n\,I_a\,\alpha}{2\pi}.$$

Les autres ampères-tours correspondant aux conducteurs compris dans l'angle d'ouverture $\beta = 2\,\alpha'$ jouent le rôle d'ampères-tours transversaux, et leur expression reste la suivante :

$$\frac{n\,I_a\,\alpha'}{2\pi} - \frac{n\,I_a\,\beta}{4\pi}.$$

On ne considérera naturellement que comme une première expression approchée, cette conception de flux dû à l'inducteur, de flux transversaux et de flux antagonistes, dûs à l'induit, etc...; on doit plutôt parler logiquement d'ampères-tours distincts et même remarquer que les portions de circuit magnétique sur lesquelles travaillent ces diverses catégories d'ampères-tours ne sont pas les mêmes (fig. 8).

En particulier, ce qu'on peut appeler le flux antagoniste doit être considéré comme se développant sur le même circuit magnétique que le flux inducteur propre, alors que les lignes de force transversales dues à l'induit se ferment suivant un parcours utilisant évidemment les entrefers, mais très confus en ce qui concerne la portion des inducteurs qu'il emprunte.

Un autre mode d'explication, beaucoup plus général, consiste à considérer l'entrefer comme le siège de deux inductions : l'une due à l'inducteur considéré comme agissant seul et que nous représenterons par $\mathfrak{B}_i$, l'autre $\mathfrak{B}_a$ dûe à l'induit, d'intensité maxima au droit des balais, et qui peut être déplacée par rapport à la première, lorsqu'on décale les balais d'un certain angle par rapport aux lignes d'induction neutre primitives. L'induction résultante $\mathfrak{B}_r$ sera enfin la somme géométrique des deux précédentes, et les lignes d'induction neutres définitives celles correspondant aux zéros de cette induction résultante (fig. 9).

L'expérience prouve, et elle est en cela d'accord avec la théorie (loi de Lenz), que les balais, lorsqu'ils ont à être déplacés pour atténuer les étincelles, doivent être transportés en avant (dans le sens de la marche de la machine) des lignes neutres primitives, et d'un certain angle α défini par la condition précédente.

Cette nouvelle position des balais permettra de ne collecter, dans la section intéressée des conducteurs actifs, que des f.é.m. de même sens et elle se traduira, on le démontre aisément, par un affaiblissement de la f.é.m. ainsi obtenue, par rapport à la f.é.m. à vide.

Si l'on devait caler les balais sur les lignes d'induction neutre résultantes, on démontrerait, non moins aisément, que l'angle α correspondant à cette position d'induction nulle serait donné par la formule :

$$\operatorname{tg} p\,\alpha = \frac{'n\mathrm{I}_a}{(\mathrm{A\,T})_i} = \frac{(\mathrm{AT})_a}{(\mathrm{AT})_i},$$

c'est-à-dire par le quotient des ampères-tours induits par les ampères-tours inducteurs, les uns et les autres étant affectés à un même pôle, ou, ce qui ne change évidemment rien, étant relatifs à toute la machine.

Nous verrons plus loin que cette condition n'est même pas encore suffisante, puisqu'il faut souvent décaler dans le sens de la marche (génératrice), les balais d'un angle $\alpha' > \alpha$. Cet excès correspond à la création nécessaire, dans les spires d'induit qui viennent à passer par le jeu de la commutation d'une région d'induit dans une autre, d'une f.é.m. spéciale de sens contraire à celle que produisent les courants dans la section au moment où celle-ci, par ses lames terminales, vient en liaison avec les balais. Cette f.é.m. supplémentaire est destinée à compenser la f.é.m. de self-induction de la section commutée et, grâce à son intervention, ou peut espérer la suppression d'étincelles qui, au moment où le courant se renverse dans la spire ou la section commutée, pourraient prendre naissance et dégrader les lames du collecteur.

CARACTÈRES GÉNÉRAUX DU FONCTIONNEMENT DES DYNAMOS

Suivant leur mode d'excitation, les dynamos possèdent des caractères de fonctionnement tout à fait différents. Leur marche sur un réseau extérieur, qu'elles sont chargées d'alimenter, est définie avec

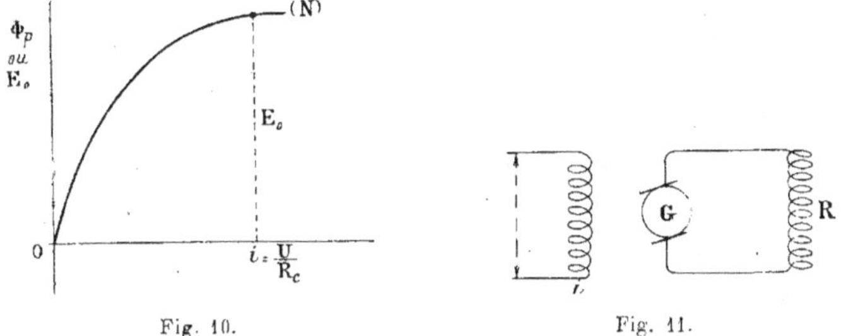

Fig. 10.

Fig. 11.

la plus grande aisance si l'on fait appel à la notion très générale de *caractéristiques de marche*.

On distingue, dans une dynamo, deux sortes principales de caractéristiques :

1° *La caractéristique à vide*, ou courbe donnant à une vitesse donnée N, les f.é.m. à vide engendrées dans la machine en fonction des courants d'excitation. Il est certain qu'avec des changements d'échelle convenables, les mêmes courbes peuvent représenter en ordonnées les f.é.m. à vide ou les flux dus au courant inducteur propre, d'une part, et en abscisses de l'autre, soit les courants inducteurs i, soit les ampères-tours correspondants (fig. 10 et 11).

La courbe des f.é.m. à vide en fonction des courants i, aura donc le même aspect que la courbe d'aimantation d'un circuit magnétique.

2° *Les caractéristiques en charge ou externes.* On notera, sans que nous ayons besoin d'entrer dans le détail du sujet, que lorsque l'induit est, non à circuit ouvert ou à vide, mais parcouru par un courant, cet induit se comporte comme un véritable aimant dont les pôles sont situés sous les balais. Le rôle de ces aimants parasites multibranches, par rapport à celui des électro-aimants inducteurs parcourus par les courants i, consiste, comme on sait, à distordre le flux inducteur, à créer un flux résultant de situation différente de celle du flux propre et même à diminuer celui-ci d'une certaine quantité lorsque les balais, par exemple, viennent à être calés, non sur les lignes d'induction mais suivant des cordes différentes. En un mot, si l'inducteur étant toujours parcouru par le courant i, l'induit débite sur un réseau, la f.é.m. à vide E_0 déduite de la caractéristique à vide, restera peut-être toujours la même, mais la tension aux bornes de la machine U, accrue de la chûte de tension $R_g I$ provenant du passage du courant dans l'induit (résistance R_g) constituera une somme inférieure à E_0 d'une certaine quantité ε; en résumé nous aurons les deux formules :

$$\begin{cases} E_0 = U + R_g I + \varepsilon \\ E - U = R_g I = E_0 - U - \varepsilon. \end{cases}$$

E joue donc le rôle d'une véritable f.é.m.; c'est la f.é.m. en charge, calculée comme on vient de le voir, en partant de la tension U, ainsi que pour un générateur électrochimique (pile), dans lequel la f.é.m., comme on le sait, est seulement égale à la tension aux bornes, accrue de la chûte de tension intérieure dans l'élément. On ne confondra donc pas la f.é.m. à vide, qui doit être considérée comme immuable lorsque le courant i est inchangé, avec la f.é.m. en charge E qui, comme on le voit, est, à la fois, fonction du courant d'excitation et du régime de charge de la dynamo.

Caractéristiques externes. — On appelle caractéristique externe ou en charge d'une machine, toute courbe donnant les tensions aux bornes relevées sur cette génératrice en fonction des courants fournis au réseau extérieur. Alors que l'allure générale de la caractéristique à vide était la même pour toutes les machines, puisqu'elle faisait simplement appel aux qualités magnétiques d'un circuit, les *caractéristiques externes* ont des formes très différentes, suivant le mode d'excitation adopté.

1° **Machines à excitation indépendante.**

Les caractéristiques externes sont des courbes faiblement tombantes (de 3 ou 4 % entre la marche à vide et la marche à pleine charge). Elles dépendent de deux paramètres qui sont la *vitesse* et le *courant d'excitation* ; leur point de départ sur l'axe des ordonnées constitue la *tension à vide* correspondant à cette vitesse et à

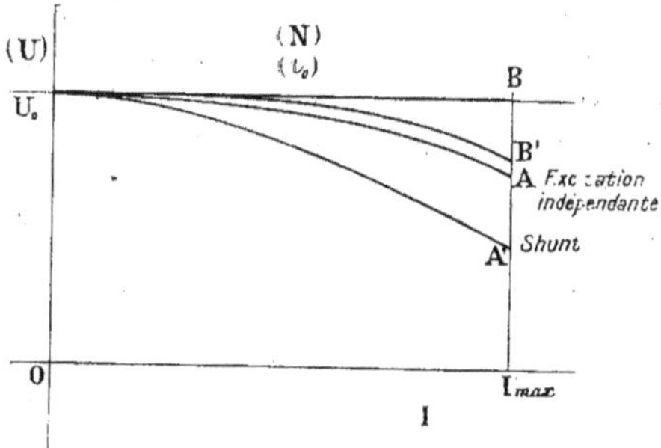

Fig. 12.

ce courant d'excitation. Les caractéristiques les plus hautes correspondent aux plus fortes vitesses, comme aux plus forts courants d'excitation.

Un point M pris sur une caractéristique possède comme ordonnée la tension aux bornes, comme abscisse l'intensité, et, enfin, le vecteur OM a pour coefficient angulaire la résistance extérieure R branchée sur les bornes de la dynamo.

La différence des ordonnées comprise entre la droite parallèle aux abscisses passant par l'ordonnée à l'origine et la caractéristique externe constitue un terme égal à la somme de la chûte de tension ohmique dans l'induit et de cette réaction d'induit (fig. 12).

2° Machines shunt.

Le seul paramètre dont dépendent les caractéristiques est la vitesse, puisque le courant d'excitation i est donné à chaque instant par le quotient de la tension aux bornes par la résistance R_e du circuit d'excitation. Une même machine, d'abord alimentée à excitation indépendante avec un courant d'excitation précisément égal à :

$$i_0 = \frac{U_0}{R_e}$$

puis transformée en machine shunt, aura une caractéristique externe constamment inférieure, et de plus en plus lorsque le courant croît, à la caractéristique externe de la machine à excitation indépendante (fig. 13).

Ce fait s'explique très simplement, puisque le courant d'excitation ne cesse de décroître dans le cas de la machine shunt, et qu'il reste constant dans le cas de la machine à excitation indépendante. Si l'on cherche à chaque instant la f. é. m. à vide, dans le cas de la machine shunt, correspondant au courant d'excitation, il suf-

$$i = \frac{U}{R_e},$$

fira de se reporter à la caractéristique à vide, et l'on pourra ainsi tracer par points la courbe des E_0 successifs en fonction des I.

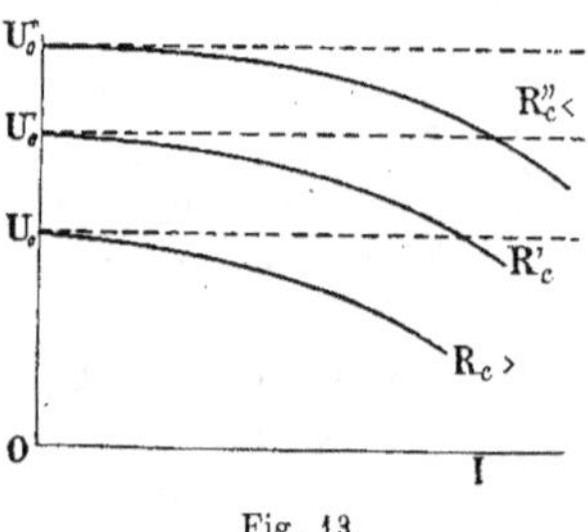

Fig. 13.

Du reste la caractéristique précédemment examinée (celle dont les ordonnées somment les chutes de tension internes et les réactions d'induit), soit

$$R_s I + \varepsilon.$$

sera théoriquement la même dans le cas de la machine shunt que dans le cas de la machine à excitation indépendante, puisqu'elle ne dépend que du courant débité par l'induit.

On remarquera qu'on peut également, dans le cas de la machine shunt, réaliser diverses caractéristiques, externes ou en charge, en manœuvrant le rhéostat d'excitation, ce qui revient pour chaque plot à avoir une valeur différente de la résistance du circuit induc-

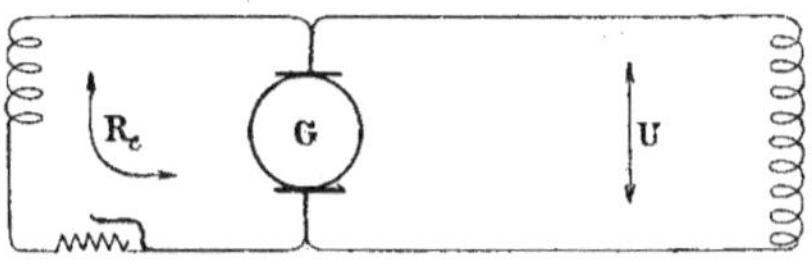

Fig. 14.

teur, donc une valeur différente du courant i pour une même valeur de U (fig. 14).

Les caractéristiques les plus hautes, pour une même vitesse, seront évidemment celles qui correspondent aux résistances d'excitation les plus faibles.

3° Machines série.

La machine série présentera évidemment, en tant que caractéristique externe, une grande analogie avec la forme de la courbe d'aimantation, puisque le courant inducteur est le même que le courant induit, au moins tant que l'on ne vient pas à shunter l'inducteur.

La différence des ordonnées des deux courbes $E_0(I)$ et $U(I)$ représente encore, pour une même valeur du courant I, la somme $R_g I + \varepsilon$. On obtiendra les caractéristiques les plus hautes pour les plus grandes vitesses (fig. 15).

Au moins dans la première région de la courbe d'aimantation, on pourra la plupart du temps remplacer ces courbes par des portions rectilignes, de sorte que les trois caractéristiques $E_0(I)$, $U(I)$, $\varepsilon + R_g I$ peuvent être considérées comme ayant des ordonnées proportionnelles, avec des coefficients naturellement différents de proportionnalité.

Au cas où l'on voudrait réaliser des caractéristiques différentes,

avec le maintien d'une même vitesse, on peut procéder, comme il a
été fait fréquemment dans les transmissions d'énergie à courant
continu par machine série, en *shuntant l'inducteur*. Il en résulte
immédiatement pour un même courant induit, la possibilité de

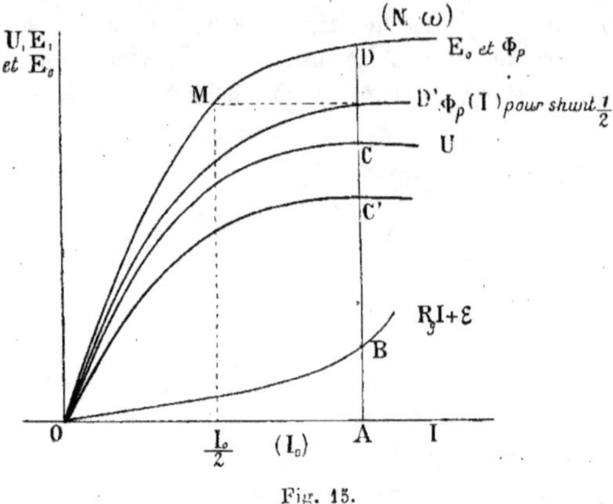

Fig. 15.

réaliser des ampères-tours inducteurs en nombres différents, puisque
fonctions du shunt, donc de créer un certain nombre de pseudo-
courbes d'aimantation Φ_p (I) — courbes donnant les flux engendrés
dans les inducteurs pour chaque valeur du shunt, en fonction du
courant d'induit. ·

Naturellement, les caractéristiques externes correspondantes
s'obtiendront en soustrayant de ces courbes transformées les ordonnées

$$\varepsilon + R_g I,$$

de la caractéristique des chutes de tension qui est unique. Les caractéristiques externes les plus basses seront donc celles correspondant au shuntage le plus considérable des inducteurs.

Du même type est le mode de régulation, dit de Sprague, qui
consiste à coupler les inducteurs de la génératrice supposés partagés
en plusieurs sections, soit en série, soit en parallèle. Tous ces dispositifs reviennent toujours à créer des nombres d'ampères-tours
inducteurs différents pour un même courant d'induit.

4° Machines compound.

La caractéristique externe d'une machine compound parfaite devrait être une droite parallèle aux abscisses, puisque le rôle de l'enroulement inducteur-série consiste à créer le supplément de f. é. m. nécessaire, destiné à compenser la chûte de tension propre de la machine shunt. Naturellement, en raison de la forme

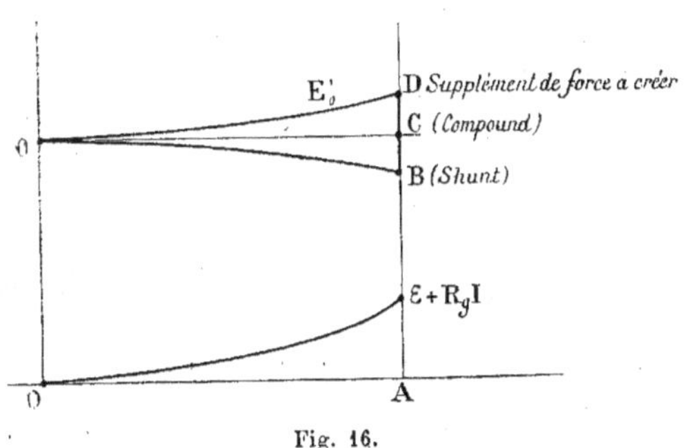

Fig. 16.

curviligne de la caractéristique $\varepsilon + R_g I$, de la chute de tension, on ne peut compounder que pour la charge maxima, en créant le nombre d'ampères-tours série, juste nécessaire pour compenser cette chute de tension (fig. 16).

Par contre, pour les charges intermédiaires, la compensation n'est qu'approchée.

On réalisera aussi facilement, une machine hypercompound destinée à maintenir une différence de potentiel constante, non aux bornes de la génératrice, mais à une distance plus ou moins grande de celle-ci (cas des réseaux de traction). Il suffira d'amplifier, dans un rapport convenable, le nombre d'ampères-tours série, et la tension aux bornes croîtra ainsi de quelques volts, lorsqu'on passera de la marche à vide à la marche en charge :

Exemple :

Dynamo hyper-compound de traction *Thomson-Houston* qui donne fréquemment 500 volts à vide et 550 volts en charge.

NOTIONS GÉNÉRALES SUR LES PERTES DONT LES DYNAMOS SONT LE SIÈGE ET SUR LE MODE D'ÉVALUATION DE LEUR RENDEMENT

Les dynamos définies comme précédemment, ainsi que toutes machines transformatrices d'énergie, sont le siège d'un certain nombre de pertes qui peuvent se classer comme il suit :

C_m étant le couple moteur développé, par la machine qui l'entraîne, sur l'arbre de la génératrice, ω, la vitesse angulaire du groupe, $C_m \times \omega = P_m$ représentera la puissance motrice fournie à la machine génératrice.

Sur cette puissance, une certaine fraction P_f sert à vaincre les résistances d'ordre mécanique correspondant au frottement de l'arbre sur ses paliers et aussi à la résistance rencontrée par l'induit

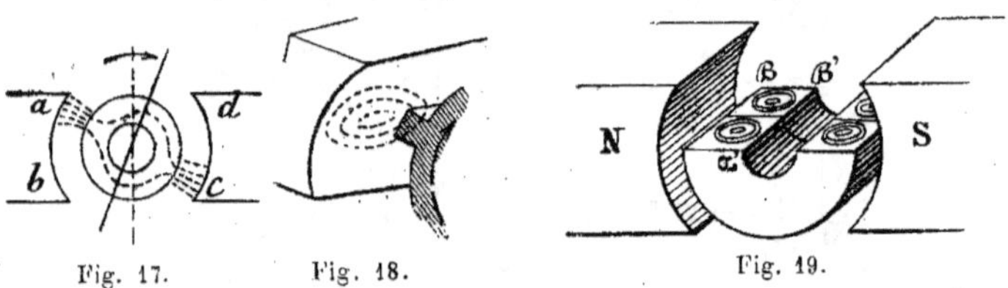

Fig. 17.   Fig. 18.   Fig. 19.

dans son déplacement du fait de l'air qu'il refoule. De même, une certaine fraction P_F de la puissance fournie se transforme dans les masses métalliques de l'induit et de l'inducteur en énergie électrique dégradée sous forme de chaleur et qui donne, comme on

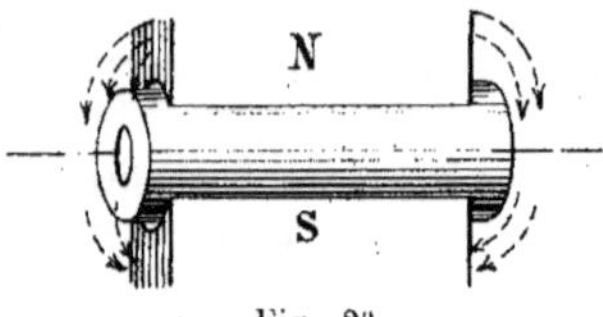

Fig. 20.

sait, naissance à des courants dits de Foucault. On considère, dans l'étude élémentaire des dynamos, qu'il y a intérêt à lameller le fer de l'induit suivant des plans perpendiculaires à l'axe, de manière à briser les courants de Foucault à grand parcours dont le fer sera le siège du fait du passage des tôles dans le voisinage des pôles inducteurs (fig. 19).

Les dents de l'induit se déplaçant devant les pièces polaires donnent de même naissance à des courants de Foucault (fig. 18). Le flux transversal d'induit, combiné aux flux inducteur, déplace les maxima de l'induction, d'où excès d'échauffement de certaines cornes (a, c) sous l'influence de ces mêmes courants (fig. 17).

De même, sous l'influence des dispersions latérales de l'inducteur les disques terminaux limitant les tôles de l'induit tournent dans ces lignes de force et sont le siège de courants de Foucault (fig. 20).

On admet, bien que des réserves doivent être faites à cet égard, que la puissance perdue par courants de Foucault est proportionnelle au carré de l'induction maxima $\mathfrak{B}_{max}$ développée dans les circuits magnétiques et au carré de la fréquence f de ces courants de Foucault, fréquence évidemment proportionnelle à la vitesse (ω ou N) de la machine :

$$P_F = A\,\omega^2\,\mathfrak{B}_{max}^2.$$

Enfin, les parties magnétiques de là dynamo, induit et inducteurs, et ceux-ci à un titre beaucoup moindre, sont soumis à des cycles d'aimantation, d'où résulte une perte nouvelle d'énergie P_H, dite par hystérésis, et que la théorie enseigne être proportionnelle à la puissance 1,6 de l'induction maxima et à la première puissance de la vitesse :

$$P_H = A'\,\omega\,\mathfrak{B}_{max}^{1,6}\ (A'\ \text{constante}).$$

En ce qui concerne les pertes d'ordre mécanique, on admettra qu'elles sont sensiblement proportionnelles à la vitesse développée, mais elles varient avec bien d'autres facteurs dans le détail desquels nous ne pouvons entrer. Dans le cas de l'accouplement par courroie notamment, la pression de l'arbre sur ses paliers est fonction de la charge et ce n'est guère que dans l'accouplement direct que l'on peut admettre l'indépendance des pertes mécaniques par rapport au régime de la dynamo.

Signalons enfin les pertes dites de Joule, ou par échauffement des circuits électriques de l'inducteur et de l'induit. Même dans le cas d'une machine à excitation indépendante, il convient de tenir compte des pertes par excitation, pour rendre le rendement de cettemachine philosophiquement comparable à celui d'une dynamo auto-excitatrice.

L'évaluation de ces pertes est liée à la connaissance des résistances de l'inducteur et de l'induit (R_e et R_a) et à celle des courants i et I_a qui les parcourent.

Nous aurons donc, pour expression de ces dernières pertes :

$$P_J = R_e i^2 + R_a I_a^2.$$

Le rendement η aura donc comme définition générale :

$$\eta = \frac{P_u}{P_m} = \frac{UI}{UI + P_f + P_F + P_H + P_J}.$$

$P_u = UI$ est la puissance utile ou fournie aux bornes.

Cette détermination peut donc se faire de deux façons différentes, en considérant le rendement ou comme le quotient de la puissance utile par la puissance fournie à l'arbre, ou comme le quotient de cette même puissance utile par la somme de cette puissance utile et des puissances perdues. Nous pourrons ainsi, dans le second cas, substituer à la connaissance extrêmement délicate d'une puissance mécanique fournie sur un arbre, celle de deux puissances électriques, la puissance utile et la puissance perdue.

On peut déterminer directement ces pertes de puissance en faisant fonctionner la machine génératrice en moteur à vide, dans des conditions telles que la puissance absorbée dans ce cas et lue aux appareils, soit pratiquement égale à la puissance qui serait perdue pour une charge déterminée, à l'intérieur de ladite machine. On se rapprochera facilement de cette condition en s'arrangeant de manière à faire fonctionner le moteur à vide à la même vitesse et dans les mêmes conditions magnétiques que celles qui président à la charge de la dynamo. On notera enfin, dans toutes ces méthodes de marche à vide, de pertes séparées, etc... qu'une erreur relativement considérable peut être commise sur l'évaluation directe des pertes sans entraîner une incertitude sensible sur la valeur du rendement calculé. Cette proposition sera d'autant plus vraie que la charge pour laquelle on voudra déterminer le rendement sera plus voisine de la marche à puissance maxima, et que le rendement de la machine sera lui-même meilleur aux environs de cette puissance.

Points spéciaux caractérisant les dynamos modernes.

En raison des perfectionnements incessants apportés à leur construction, qui font que les actuelles dynamos n'offrent plus guère que des analogies de principe avec les dynamos primitives et schématiques des traités élémentaires d'électricité industrielle, nous étudierons surtout, dans les machines génératrices modernes, les points suivants : 1° l'enroulement de l'induit ; 2° la construction mécanique de l'ensemble de la machine et la constitution des inducteurs, et spécialement des pôles ; 3° les divers procédés mis en œuvre pour atténuer la réaction d'induit et faciliter la commutation.

Nous allons examiner successivement ces différents points.

CHAPITRE II

Enroulements des induits de machines à courants continus.

DIVERS TYPES D'ENROULEMENTS DES DYNAMOS A COURANT CONTINU

Classification des enroulements

On peut diviser les enroulements à courant continu en deux grandes classes :

Les enroulements *ouverts*,

    »   *fermés*.

Dans les enroulements *ouverts*, le circuit de l'induit n'est fermé sur lui-même que lorsque le circuit extérieur est fermé.

La figure 21 représente l'enroulement ouvert le plus simple.

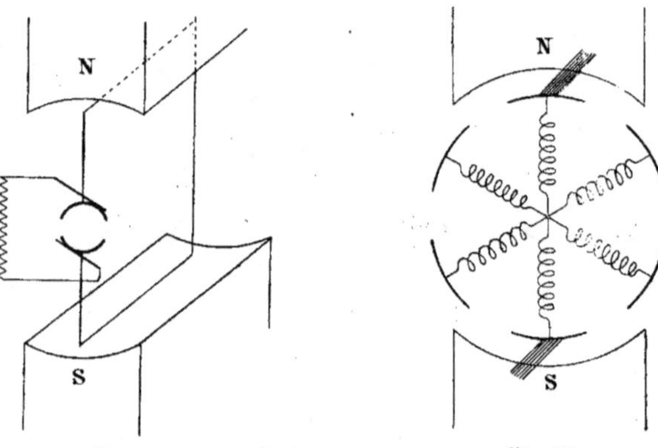

Fig. 21.   Fig. 22.

La figure 22 donne le principe d'un enroulement ouvert composé de 6 bobines aboutissant chacune à une lame du collecteur.

Comme on le voit, les bobines ne sont actives, c'est-à-dire ne produisent du courant, que lorsque les lames du collecteur correspondantes sont sous les balais. On a ainsi évidemment un courant ondulatoire et des étincelles aux balais difficiles à éviter.

Ces enroulements ne sont plus employés actuellement. Ils ont été cependant utilisés pendant longtemps, surtout en Amérique, pour alimenter des lampes à arc toutes mises en série, (distribution à intensité constante) parce qu'ils permettaient de réaliser assez facilement des induits à assez haute tension. (Dynamos Brush, Thomson, Westinghouse, etc.)

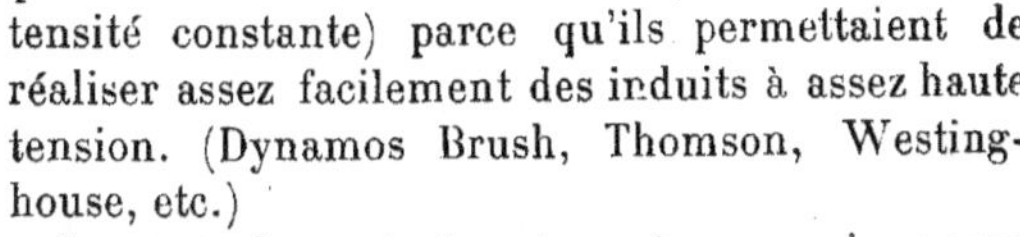
Fig. 23.

Les enroulements *fermés* sont ceux qui, comme l'anneau Gramme, sont toujours formés d'au moins deux circuits mis en parallèle et pouvant être représentés schématiquement par la figure 23.

On appellera *voie d'enroulement* chacun de ces circuits mis en parallèle.

Les enroulements fermés, qui sont les seuls employés actuellement, se divisent en trois catégories.

Les enroulements en *anneau,*
     »   *tambour,*
     »   *disque.*

Les enroulements en *anneau* ne sont pour ainsi dire plus employés actuellement, mais ils ont été très utilisés jusqu'à ces dernières années; aussi en parlerons-nous mais d'une façon assez sommaire.

Les enroulements en *tambour* sont réellement les seuls employés aujourd'hui. Ils seront décrits en détail.

Les enroulements en *disque* n'ont été que très peu utilisés et sont aujourd'hui complètement abandonnés. Nous n'en dirons que quelques mots à la fin de l'étude des enroulements.

NOTIONS GÉNÉRALES SUR LES ENROULEMENTS
EN ANNEAU ET EN TAMBOUR

Enroulement en anneau.

Cet enroulement a d'abord été imaginé par Paccinotti, puis, quelque temps après, inventé de nouveau et rendu pratique par Gramme qui ignorait le travail du premier.

Le même induit peut servir pour un nombre quelconque de pôles. Si nous appelons :

$2p$ le nombre de pôles,
$2a$ le nombre de voies d'enroulement,
$2p_1$ le nombre de rangées de balais.

On a :

$$2p = 2a = 2p_1.$$

Avantages de l'enroulement en anneau. — 1° Enroulement très simple.

2° Dans le cas des induits lisses, les conducteurs sont bien maintenus sur l'anneau. Cet avantage n'existe plus actuellement, car les induits lisses ne sont plus employés.

3° Faible différence de potentiel entre les conducteurs voisins. C'est l'avantage le plus important qui a fait conserver encore longtemps les induits en anneau pour les tensions élevées, comme par exemple pour les moteurs de tramway.

Inconvénients de l'enroulement en anneau. — 1° Mauvaise utilisation des conducteurs, car :

a) La partie inactive des conducteurs est plus grande que dans les enroulements en tambour.

b) Le flux de fuite φ qui passe à l'intérieur de l'induit coupant dans le cas de l'anneau les conducteurs intérieurs, détermine dans ces conducteurs une f. é. m. opposée à la f. é. m. utile (fig. 24).

Il faut donc isoler magnétiquement les tôles de l'arbre, ou de la « lanterne » en fonte de l'induit, d'où des difficultés de construction.

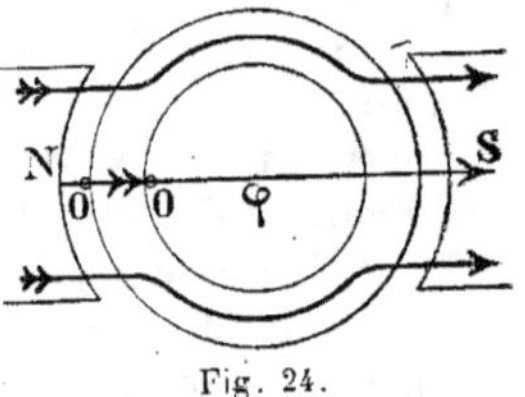

Fig. 24.

2° L'enroulement en anneau ne peut être fait qu'à la main, et non mécaniquement, c'est-à-dire qu'il n'est pas possible avec l'induit en anneau d'employer des bobines faites d'avance sur gabarit, tandis que cela est possible avec le tambour et constitue un avantage qui a actuellement une très grande importance.

Enfin, avec l'anneau, on a à craindre, en général, une réaction d'induit plus forte et de plus grandes difficultés pour la commutation que dans le cas du tambour.

Ce sont tous ces inconvénients, qui font donner actuellement la préférence aux enroulements en tambour.

Enroulement en tambour.

C'est Hefner Alteneck (ingénieur de la Maison Siemens), qui en 1872, inventa l'induit en tambour en voulant perfectionner l'induit à navette de Siemens.

Conducteurs d'aller. Conducteurs de retour. — La *face avant* de l'induit étant celle où se trouve le collecteur, lorsque l'on suit l'enroulement, on va successivement de la face avant à la face arrière.

Nous appellerons:

Conducteurs d'aller, ceux que l'on suivra pour aller de l'avant à

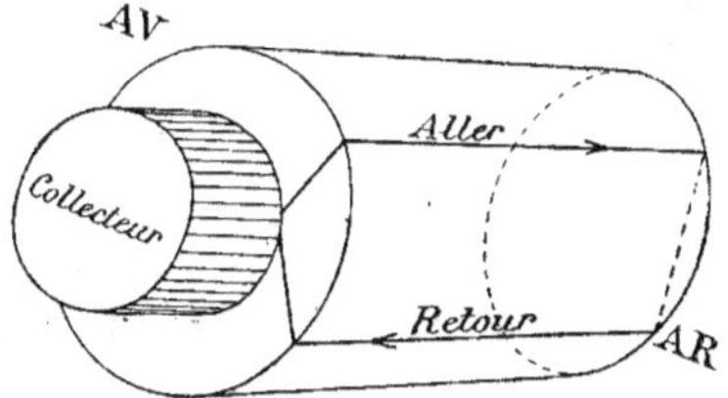

Fig. 25.

l'arrière, *conducteurs de retour* ceux que l'on prendra pour revenir à l'avant,

Il faut évidemment autant de conducteurs d'aller que de conducteurs de retour.

Le nombre des conducteurs d'un induit en tambour est donc toujours *pair*.

On remarquera, que le nombre des lames du collecteur doit être au plus égal à la moitié du nombre des conducteurs, puisqu'il faut au moins deux conducteurs pour faire une spire,

Pour bien comprendre l'enroulement en tambour, nous allons chercher à calquer le plus possible son étude sur celle de l'enroulement en anneau.

Mise en série des conducteurs, ou liaison entre les conducteurs. — Considérons un induit à anneau bipolaire, possédant 8 spires et supposons que ces spires ne soient pas reliées entre elles (fig. 26 et 27).

Dans le cas d'un anneau ordinaire, ces spires seraient connectées dans l'ordre suivant.

$$1 - 2 - 3 - 4 - 5 - 6 - 7 - 8. \qquad (1)$$

Or nous pouvons remarquer que, si le flux inducteur est bien réparti régulièrement, les f. é. m. induites à chaque instant dans les spires 2 et 6 par exemple, sont identiques au signe près et que, par

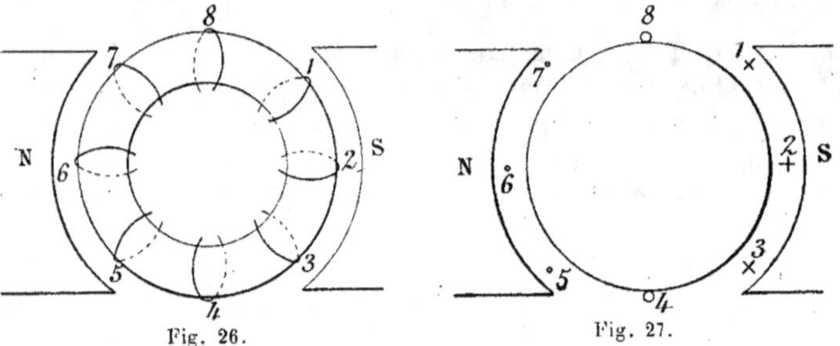

Fig. 26.   Fig. 27.

conséquent, nous pouvons au moyen de connexions convenables brancher 6 à la place de 2 et 2 à la place de 6 et l'enroulement continuera à remplir les conditions de l'enroulement ordinaire à anneau.

On pourrait faire de même, pour 1 et 5, 3 et 7, 4 et 8.

Il est donc possible de relier les spires de la façon suivante :

$$1 - 6 - 3 - 8 - 5 - 2 - 7 - 4 - 1, \qquad (2)$$

et l'enroulement conservera les mêmes propriétés qu'avec le mode de liaison ordinaire de la relation (1), à condition d'observer que les spires 2, 4, 6 et 8 doivent être connectées en sens inverse pour que le sens de le f. é. m. de ces spires soit convenable.

Si maintenant nous considérons un tambour sur la périphérie duquel sont répartis 8 conducteurs, la f. é. m. induite dans les conducteurs 1, 2, 3, étant de sens inverse de celle des conducteurs 5, 6, 7, on voit facilement, qu'il suffira de relier les conducteurs dans l'ordre de la relation (2) pour avoir un enroulement remplissant les mêmes conditions que l'enroulement en anneau ordinaire.

On peut évidemment faire un raisonnement semblable dans le cas d'une machine multipolaire.

. Remarque. — Les conducteurs d'*aller* sont 1, 3, 5, 7, donc *impairs*.
»   »   de *retour* sont 2, 4, 6, 8, donc *pairs*.

Par suite, les conducteurs sont *alternativement* conducteurs d'aller et conducteurs de retour, c'est-à-dire qu'entre deux conducteurs d'aller se trouve un conducteur de retour.

Sans vouloir chercher si d'autres combinaisons sont possibles nous admettrons, et c'est ce qui a lieu en réalité, que *pour tous les enroulements en tambour, les conducteurs sont alternativement conducteurs d'aller et conducteurs de retour.*

On vient de voir quels étaient les conducteurs qu'il fallait relier entre eux, nous allons examiner maintenant, comment se feront les connexions entre les conducteurs.

Représentation de l'enroulement en tambour par développement panoramique. — Pour plus de commodité, nous représenterons les enroulements de la façon suivante :

Nous supposerons l'induit coupé suivant une génératrice, puis redressé suivant un plan.

Pour distinguer entre eux les conducteurs d'aller et les conducteurs de retour, les premiers seront représentés par des traits *pleins* et les seconds par des traits *pointillés*.

En tenant comptant de la remarque précédente on obtiendra la

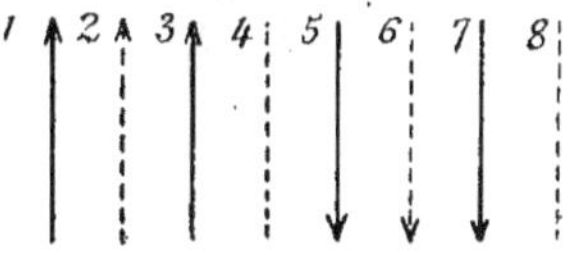

Fig. 28.

figure 28 pour représenter le développement panoramique de la figure 27.

Afin de ne pas obscurcir les schémas, on ne représentera pas, en général, les pôles inducteurs mais, on figurera toujours par des flèches le sens de la f. é. m. induite par les pôles dans les conducteurs à un moment donné.

Connexions entre les conducteurs. Enroulement imbriqué et enroulement ondulé. — Prenons le cas général d'une machine multipolaire.

Soit une dynamo à 4 pôles 16 conducteurs (fig. 29).

On voit facilement que 6 correspondant à 2, 4 à 8, 10 à 14, etc.

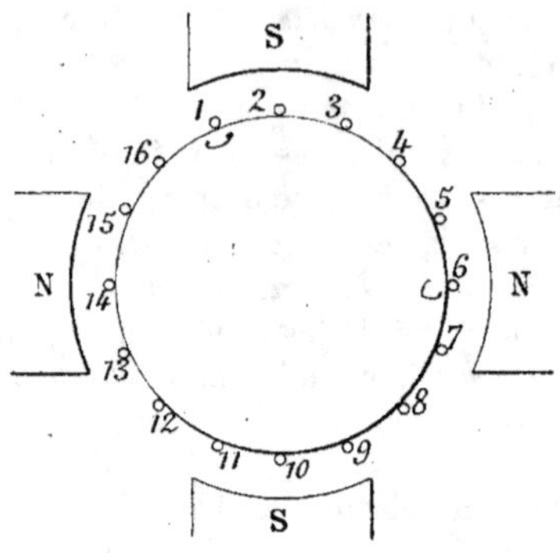

Fig. 29.

il faut, pour former la première voie d'enroulement, relier les conducteurs dans l'ordre suivant :

$$1 - 6 - 3 - 8,$$

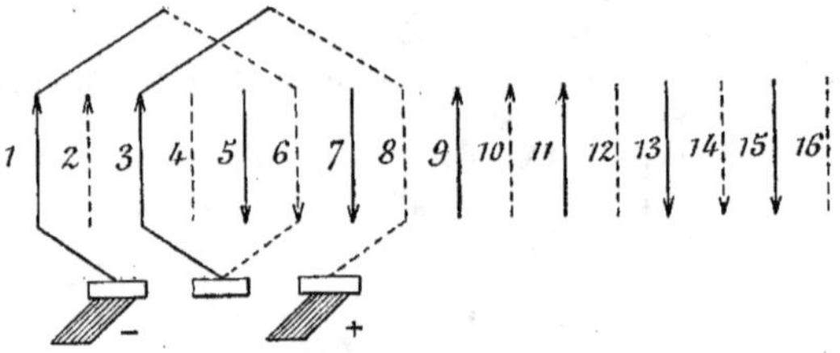

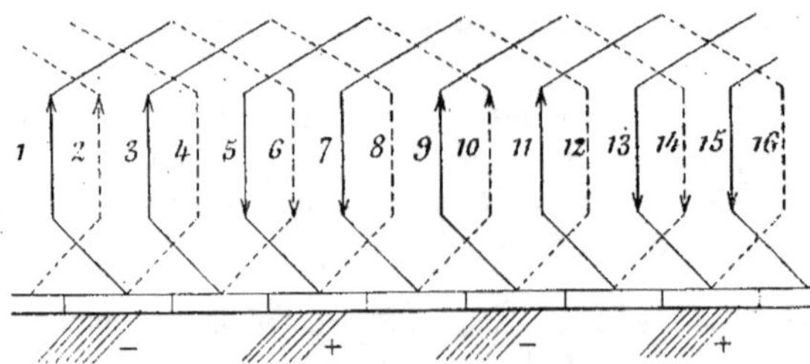

Fig. 30.

Fig. 31.

d'où le schéma de la figure 30, représentant une seule voie de l'enroulement.

L'enroulement terminé sera alors représenté par la figure 31.

On peut alors dresser ce que l'on appelle le tableau du bobinage, donnant les liaisons entre les conducteurs.

Tableau du bobinage.

1re *Voie*   2e *Voie*

— 1 — 6 — 3 — 8 — 5 — 10 — 7 — 12 —

3e *Voie*   4e *Voie*

— 9 — 14 — 11 — 16 — 13 — 2 — 15 — 4 — 1.

Autre mode de connexions. — Du conducteur 6 (fig. 29) au lieu de revenir en arrière chercher le conducteur 3, on peut aller toujours en

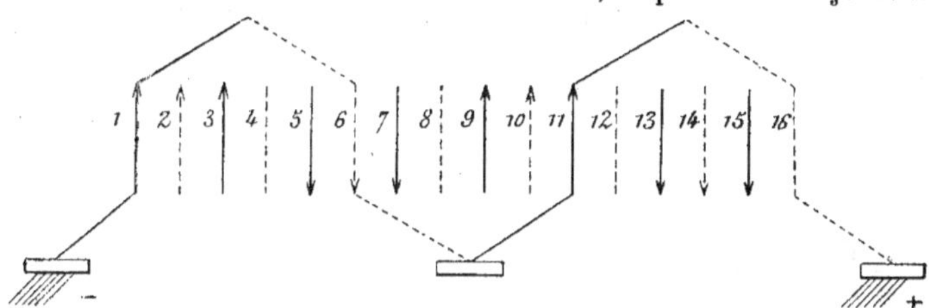

Fig. 32.

avant et prendre sous le pôle nord suivant le conducteur équivalent, le conducteur 11 dans le cas actuel.

On a alors pour la première voie le schéma de la figure 32.

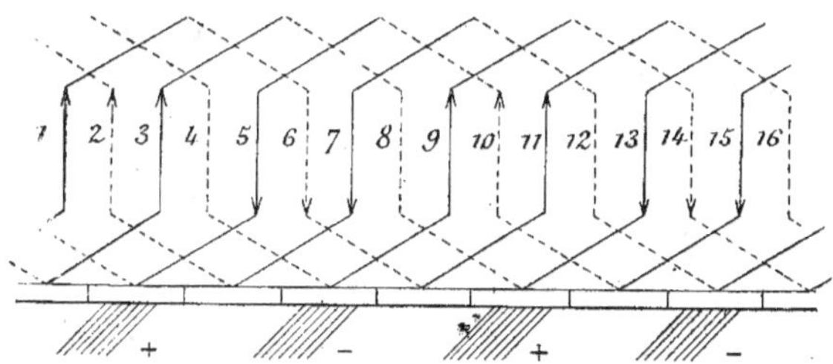

Fig. 33.

La figure 33 représente l'enroulement complet.

$$1^{re}\ Voie \qquad\qquad 2^e\ Voie$$
$$1 - 6 - 11 - 16 - 5 - 10 - 15 - 4 -$$

$$3^e\ Voie \qquad\qquad 4^e\ Voie$$
$$- 9 - 14 - 3 - 8 - 13 - 2 - 7 - 12 - 1.$$

Dans le premier mode de connexion, on revient en arrière pour faire une boucle, on obtient ce que l'on appelle l'enroulement *imbriqué* ou *bouclé*.

Dans le deuxième mode, on va toujours en avant en décrivant des ondulations. On a alors l'enroulement *ondulé*.

Remarques. — *a*) **Recherche de la position des balais**. — Un enroulement, à 4 voies par exemple, pouvant être représenté schématiquement par la figure 34, on trouvera facilement la position des balais en cherchant les lames du collecteur où deux f. é. m. semblent

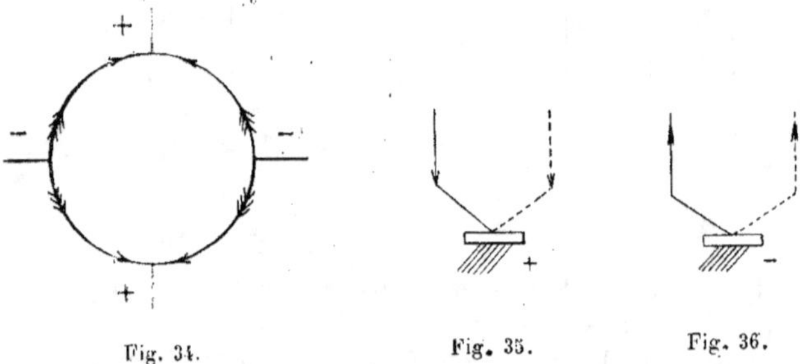

Fig. 34.   Fig. 35.   Fig. 36.

lais en cherchant les lames du collecteur où deux f. é. m. semblent aboutir ensemble (balais + fig. 35) ou bien d'où semblent partir deux f. é. m. (balais — fig. 36).

b) **Définition des pas d'enroulement**. — On appelle *pas arrière* de l'enroulement, l'intervalle existant entre deux conducteurs reliés ensemble sur la face *arrière* de l'induit (côté opposé au collecteur) et *pas avant*, le même intervalle pour les conducteurs reliés ensemble sur la face avant (fig. 37 et 38).

On voit que dans l'exemple précédent (induit à 4 pôles 16 conducteurs) on a :

Pour l'enroulement *imbriqué* $p_{ar} > p_{av}$
Pour l'enroulement *ondulé* $p_{ar} = p_{av}$.

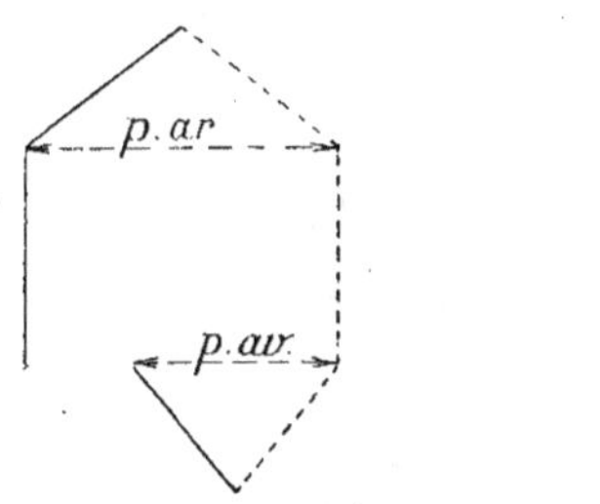

Fig. 37. — Enroulement imbriqué.   Fig. 38. — Enroulement ondulé.

On peut avoir également.

Pour l'enroulement *imbriqué* $p_{ar} < p_{av}$
Pour l'enroulement *ondulé* $p_{ar} \lessgtr p_{av}$.

Enroulement ondulé avec pas inégaux. — On peut, dans le cas de l'exemple précédent, faire $p_{ar} < p_{av}$ et l'on obtient ainsi un enroulement représenté par la figure 39 qui remplit les mêmes conditions

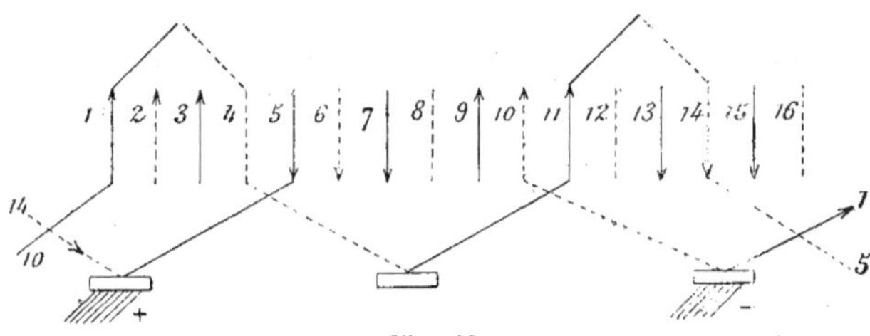

Fig. 39.

que celui du schéma 32 car dans ce nouvel enroulement le conducteur 4 correspond au conducteur 16 du schéma 32 et 14 à 6.

Sur le schéma de la figure 39 on n'a représenté qu'une seule voie d'enroulement.

Enroulement en anneau Wodicka. — Reprenons l'exemple qui nous a servi à passer de l'enroulement en anneau à celui en tambour (enroulement en anneau à 8 spires, fig. 40). On a vu que l'on pourrait relier les spires dans l'ordre suivant :

$$1 - 6 - 3 - 8 - 5 - 2 - 7 - 4 - 1,$$

sans changer les propriétés de l'enroulement.

Nous pouvons très bien supprimer au collecteur une lame sur deux, c'est-à-dire mettre deux spires entre deux lames du collecteur. La

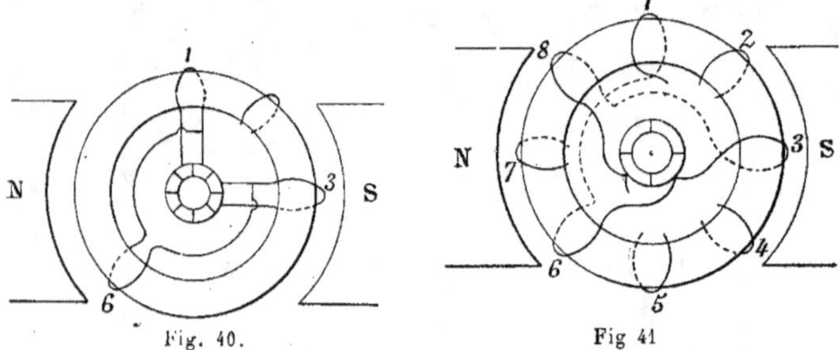

Fig. 40.   Fig 41

spire 1 sera par exemple reliée directement à 6 sans passser par une lame. Représentons en pointillé les conducteurs reliant ainsi les spires directement entre elles, conducteurs qui pourraient être disposés sur la face arrière de l'induit.

On aura alors la figure 41 qui seprésente l'enroulement en anneau de *Wodicka*.

Si maintenant, pour représenter notre enroulement par dévelop-

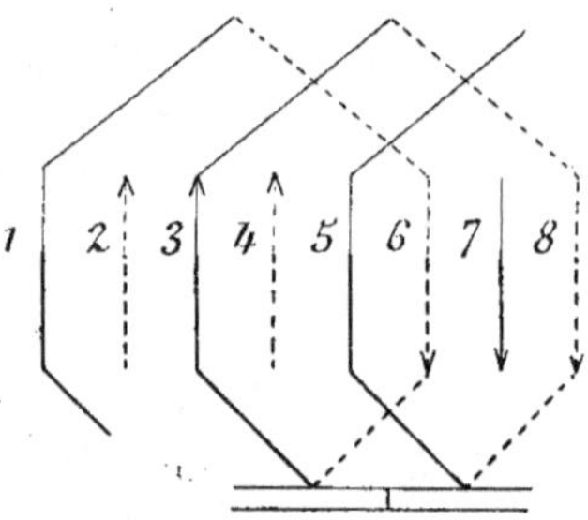

Fig. 42.

pement panoramique, nous convenons de figurer chaque spire par une droite, en marquant en traits forts les parties de l'enroulement placées sur la périphérie de l'induit et sur la face avant et en traits faibles les parties de la face arrière, nous aurons le schéma 42.

Les traits pointillés représentent les conducteurs de retour au collecteur.

On remarque aussitôt que ce schéma est semblable à celui d'un enroulement en *tambour imbriqué*.

On aurait pu également avoir un enroulement correspondant à un tambour *ondulé*.

L'enroulement *Wodicka* est donc absolument semblable à un enroulement en *tambour*.

Cet enroulement n'est plus employé. Il est cependant intéressant, parce qu'il montre en quelque sorte le passage de l'enroulement à anneau à l'enroulement en tambour.

Inconvénients des enroulements en parallèle. — Les enroulements en parallèle, c'est-à-dire ceux qui possèdent autant de voies d'enroulement que de pôles et que nous venons d'étudier, présentent les inconvénients suivants :

1°) La f. é. m. induite dans chaque voie, doit être évidemment égale à celle de la machine. Or, si l'on veut obtenir une tension un peu élevée, on est obligé de mettre pour chaque voie un nombre de conducteurs assez grand et, comme il faut multiplier ce nombre de conducteurs par celui des voies d'enroulement pour avoir le nombre total des conducteurs de l'induit, ce dernier peut être très considérable.

Aussi a-t-on cherché à obtenir des enroulements dans lesquels les voies d'enroulement soient moins nombreuses que les pôles. Dans ce cas, on obtient les enroulements *série* lorsque le nombre de voies est égal à 2 et les enroulements *série-parallèle*, lorsqu'il est supérieur à 2.

2°) Dans le cas d'une dynamo multipolaire, avec les enroulements en anneau ordinaires et l'enroulement tambour imbriqué, les conducteurs de chaque voie d'enroulement ne sont répartis, à un moment donné, que sous un pôle pour l'anneau et deux pôles pour le tambour imbriqué. Si tous les pôles ne donnent pas rigoureusement le même flux, il peut se faire que les f. é. m. induites dans chaque voie ne soient pas toutes égales. Elles admettent alors dans le circuit fermé de l'enroulement une résultante donnant lieu à des courants de circulation dans l'enroulement ; ces courants peuvent être très considérables, même si le circuit extérieur est ouvert, car la résistance des enroulements est toujours assez faible.

Ces courants de circulation, qui se produisent presque toujours avec plus ou moins d'importance, échauffent la machine et, lorsque les balais de même polarité sont reliés entre eux, ils passent alors par les balais et, à cause de leur intensité, peuvent produire des étincelles au collecteur.

En considérant la figure 43, il est bien évident, en effet, que si la f. é. m. E_1 est supérieure à E_2, un courant de circulation ira du balais B_1 au balais B_2.

On peut remédier aux inconvénients des courants de circulation, en employant les *connexions équipotentielles de Mordey*. Avec *l'enroulement série*, ces *courants de circulation* ne sont pas à craindre et avec l'enroulement ondulé, ils sont bien moins importants.

Connexions équipotentielles de Mordey. — Ces connexions ont pour but de livrer un passage aussi facile que possible aux courants de circulation au moyen de *connexions fixées à l'induit* et ceci afin

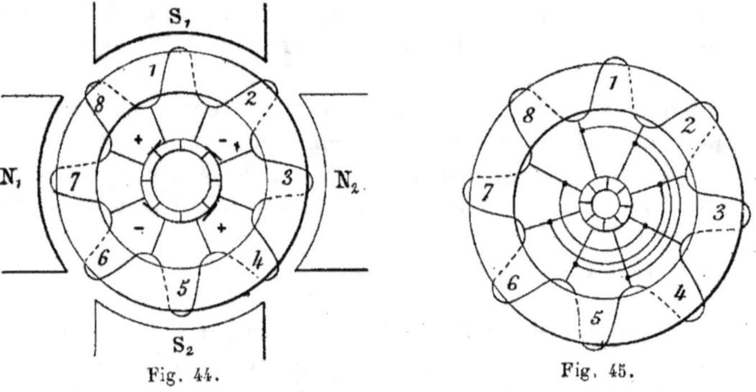

d'éviter le passage des courants de circulation par les balais à travers le collecteur.

Soit un anneau ordinaire, à 4 pôles 8 spires. On voit facilement que si les flux sont égaux, deux lames opposées du collecteur doivent être toujours au même potentiel. S'il en est autrement, des courants de circulation prennent naissance dans l'enroulement (fig. 44).

Pour livrer passage à ces courants, et à eux seuls, il suffit donc de

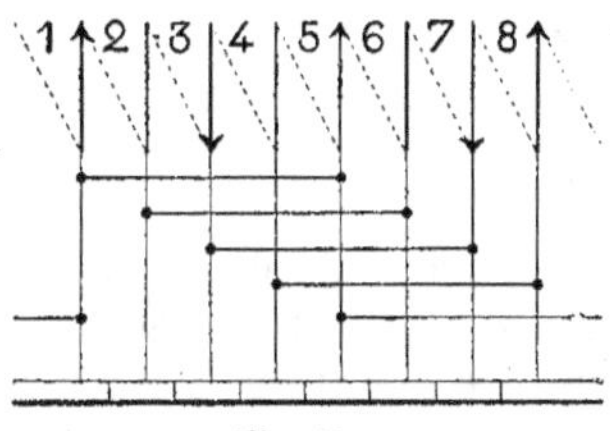

Fig. 46.

relier ensemble les lames du collecteur qui doivent être normalement au même potentiel.

Les figures 45 et 46 montrent de quelle façon doivent être disposées les connexions équipotentielles.

Dans une machine à 6 pôles, les lames seront évidemment reliées 3 par 3, et dans une machine à p pôles, p par p.

Pour éviter un trop grand nombre de connexions, au lieu de réunir ainsi toutes les lames, on peut très bien ne placer les connexions équipotentielles que pour une lame sur deux, ou une lame sur trois. La compensation est alors un peu moins parfaite, mais souvent suffisante.

Ces connexions sont applicables également avec les enroulements en tambour.

Elles sont *très efficaces et très employées.* Elles agissent non seulement en empêchant les courants de circulation de passer par les balais mais, en offrant un passage peu résistant pour ces courants, ceux-ci peuvent avoir une assez grande intensité, sans que les pertes par effet Joule qui en résultent soient trop considérables. Le fait de diminuer la résistance du circuit parcouru par ces courants n'entraîne pas d'ailleurs une augmentation de l'intensité de ces courants de circulation, comme on pourrait le croire d'après la loi d'Ohm, car ceux-ci sont limités plutôt par la réaction qu'ils produisent (réaction tendant à renforcer les champs inducteurs trop faibles et diminuer ceux qui sont trop forts) que par la résistance ohmique.

Enroulement série.

Lorsque, dans une machine multipolaire, le nombre des voies d'enroulement est égal à *deux* seulement, quel que soit le nombre de pôles, on a un *enroulement série*. Dans cet enroulement, l'on n'aura pas à craindre les courants de circulation, si l'on a soin de reporter convenablement les conducteurs de chaque voie sous tous les pôles.

Enroulement série en anneau.

Soit un enroulement en anneau ordinaire (enroulement en parallèle) possédant 14 spires, 4 pôles et par suite 4 voies d'enroulement et muni de connexions Mordey. Nous voulons obtenir à sa place un enroulement série, c'est-à-dire réduire à deux le nombre des voies d'enroulement (fig. 47).

Pour que la dynamo donne la même f. é. m. il faudra deux fois

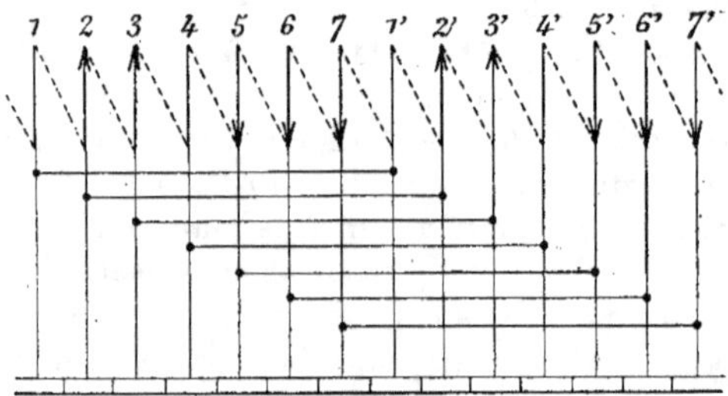

Fig. 47.

moins de spires avec l'enroulement série. Par contre, la section devra être doublée, pour avoir la même intensité, puisqu'il y a deux fois moins de circuits en parallèle.

Supprimons donc une spire sur deux. Si nous remarquons que pour la production de la f. é. m., la spire 1 fait double emploi avec la spire 1', 2 avec 2' etc., nous pouvons donc supprimer les spires 2, 4, 6, 1', 3', 5', 7' sans inconvénient, tout en conservant un enroulement régulier.

Enroulement série ordinaire ou enroulement Perry.

Si nous supprimons les lames du collecteur, qui font également double emploi, nous aurons finalement un enroulement série représenté par la figure 48. On obtient ainsi l'enroulement en série ordinaire ou enroulement Perry.

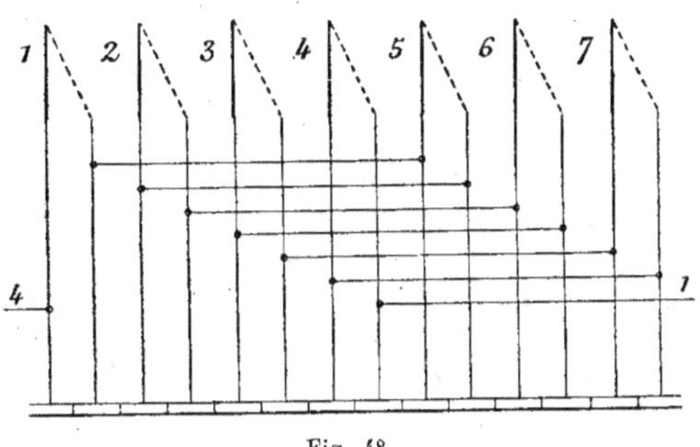

Fig. 48.

Enroulement série Arnold.

Si nous maintenons au contraire toutes les lames du collecteur, nous aurons l'enroulement en série d'Arnold (fig. 49) qui a été appliqué par les ateliers d'Oerlikon sur un assez grand nombre de moteurs de tramway.

Cet enroulement est surtout remarquable, parce qu'il nécessite

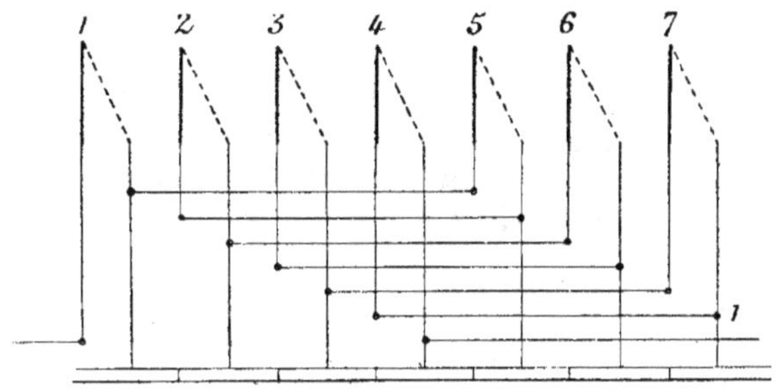

Fig. 49.

2 lames de collecteur par bobine, ce qui est avantageux, surtout dans le cas des tensions élevées qui exigent un nombre de lames suffisant, pour que la différence de potentiel entre deux lames voisines ne soit pas trop considérable.

Enroulements série en tambour.

Il est facile maintenant de concevoir ces enroulements que l'on étudiera, d'une façon détaillée, dans la théorie générale des enroulements.

Enroulements série-parallèle.

Ce sont des enroulements renfermant plus de deux voies, mais possédant les avantages des enroulements série en tant que limitation des courants de circulation, les conducteurs de chaque voie d'enroulement étant répartis sous tous les pôles.

L'enroulement en tambour ondulé étudié précédemment rentre dans cette catégorie.

Ces enroulements seront également étudiés en détail dans la théorie générale des enroulements.

THÉORIE GÉNÉRALE DES ENROULEMENTS

La théorie complète des enroulements est due à M. Arnold, qui est parvenu à établir une formule générale très simple, permettant de rendre facile et rapide l'étude de tous les enroulements, même les plus compliqués. Avant d'exposer cette théorie, que nous nous efforcerons de simplifier le plus possible, il convient de définir d'une façon très précise, les diverses quantités que l'on a à envisager dans l'étude des enroulements.

DÉFINITIONS

Section ou élément de bobinage.

On appelle section ou élément de bobinage, l'ensemble des conducteurs que le courant doit parcourir pour passer d'une lame du collecteur à la suivante, figures 50, 51 et 52.

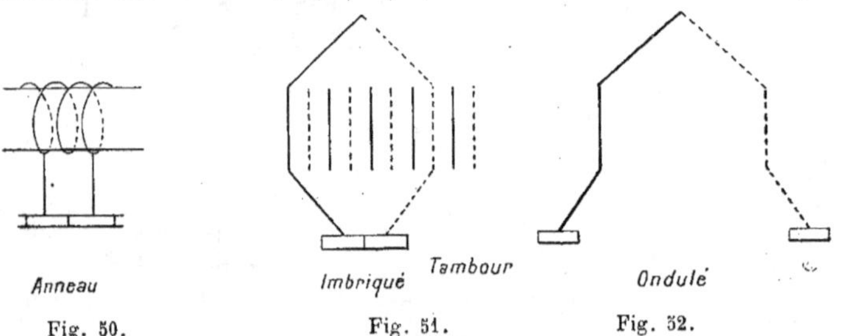

Fig. 50.   Fig. 51.   Fig. 52.

Dans le cas d'un enroulement ondulé, les deux lames correspondant à une même section ne sont pas voisines (fig. 52).

La section peut être formée de plusieurs spires, même dans le cas de l'enroulement en tambour (fig. 53 et 54).

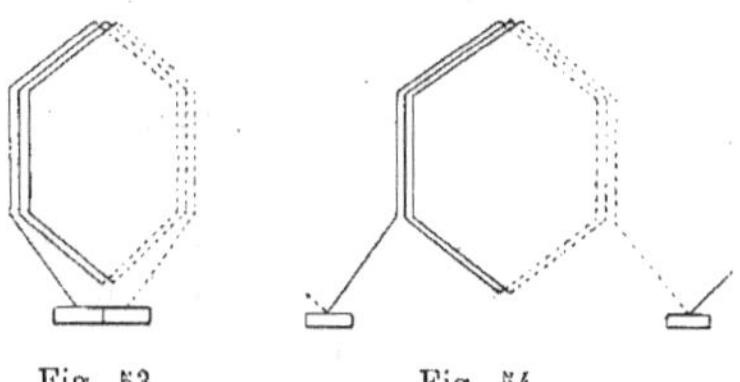

Fig. 53.   Fig. 54.

Pour simplifier, nous supposerons dans ce qui suivra, qu'il n'existe qu'une seule spire par section.

La section peut également être formée de plusieurs bobines élé-

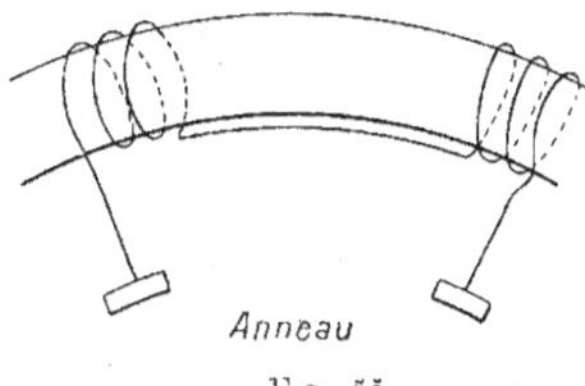

Fig. 55.

mentaires (fig. 55 et 56). On en voit un exemple dans l'enroulement Wodicka.

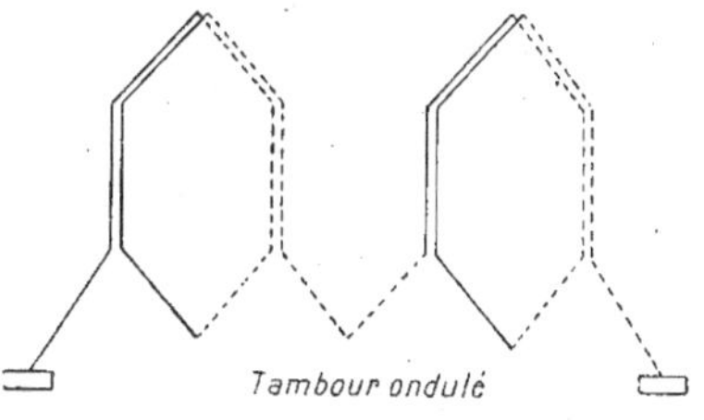

Fig. 56.

En général, les enroulements ne comportent qu'une seule bobine par section, aussi confond-on souvent les mots section et bobine.

Côté ou faisceau induit d'une section. — On appelle côté ou faisceau induit d'une section, le groupe de tous les conducteurs faisant partie d'une même section, coupant le flux inducteur et étant assez rapprochés les uns des autres, pour que, à chaque instant, le flux coupé soit sensiblement le même pour tous les conducteurs.

Dans le cas de l'anneau, s'il n'existe par section qu'une seule bobine élémentaire, il n'y a qu'un seul faisceau, c'est-à-dire un seul groupe de conducteurs coupant le flux. Avec deux bobines, on a deux faisceaux. Dans le cas du tambour, sur les figures 54 et 53, on a deux faisceaux, et quatre évidemment sur la figure 56.

Soit c le nombre de cotés ou de faisceaux par *section*.

En général :

$$c = 1 \text{ pour l'anneau,}$$
$$c = 2 \text{ pour le tambour.}$$

Dans les schémas d'enroulement, chaque faisceau ne sera en général, représenté que par 1 *seul conducteur*.

Pas de l'enroulement.

Les faisceaux étant répartis régulièrement sur la périphérie de l'induit, on appelle :

Pas élémentaire : La distance existant entre deux faisceaux voisins.

Pas arrière : Le nombre de pas élémentaires séparant deux faisceaux reliés ensemble sur la face arrière de l'induit.

Pas avant : Le nombre de pas élémentaires séparant deux faisceaux reliés ensemble sur la face avant (face du collecteur).

Pas total ou résultant : La somme des pas avant et des pas arrière.

On représente en général par les lettres.

$$y_1 \; y_3 \; y_5 \text{ etc... les pas arrière,}$$
$$y_2 \; y_4 \; y_6 \qquad \text{les pas avant,}$$
$$y \qquad\qquad \text{le pas résultant;}$$

et l'on donne le signe $+$ si, regardant la face avant de l'induit, on doit, pour passer d'un faisceau à un autre, avancer dans le sens des aiguilles d'une montre, et le signe $-$ dans le cas contraire.

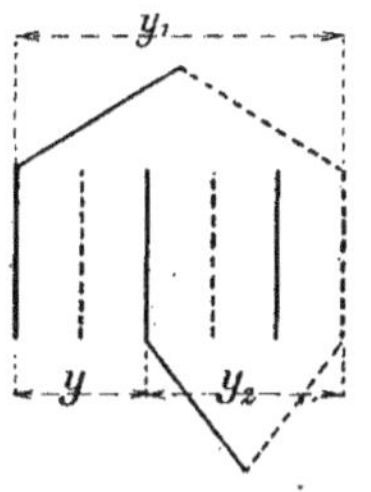

Fig. 57. — *Imbriqué.*
$$y_1 = + 5$$
$$y_2 = - 3$$
$$y = + y_1 - y_3 = +2$$

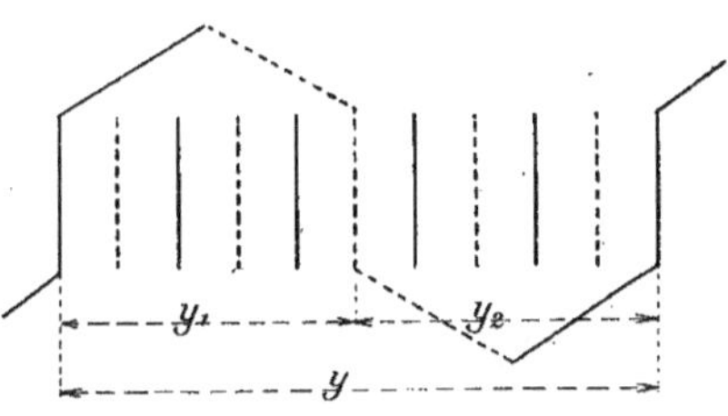

Fig. 58. — *Ondulé.*
$$y_1 = + 5$$
$$y_2 = + 5$$
$$y = + y_1 + y_2 = 10$$

Remarques. — On voit facilement sur les figures 57 et 58 que :

1° Le pas arrière détermine la forme de la *section*,

Le pas avant, le mode de liaison des sections entre elles (la fin de l'une avec le commencement de l'autre),

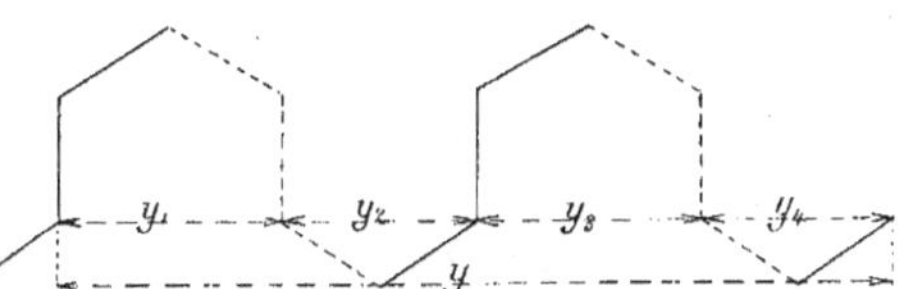

Fig. 59. — *Cas de 4 faisceaux par section*
$$y = y_1 + y_2 + y_3 + y_4$$

Le pas résultant, l'espace entre les commencements des sections, c'est-à-dire entre les sections.

2° D'autre part, puisque l'on doit toujours relier un conducteur d'aller à un conducteur de retour, et que ces conducteurs sont toujours alternés (ainsi qu'on l'a admis), on doit donc avoir toujours :

> Pas arrière et pas avant *impairs*
> Pas total ou résultant *pair*.

Pas dans le champ ou déplacement dans le champ magnétique. — Deux *sections* consécutives sont toujours décalées d'un certain intervalle par rapport au champ inducteur. Ce décalage dans le champ est appelé *pas dans le champ ou déplacement dans le champ*.

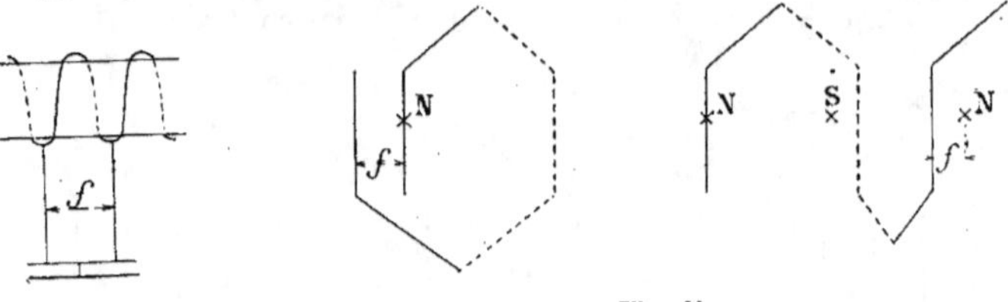

Fig. 60.   Fig. 61.

Ce décalage peut être soit une avance, soit un recul de la section par rapport au champ. Appelons f ce décalage que nous représenterons sur les schémas des figures 60, 61 et 62.

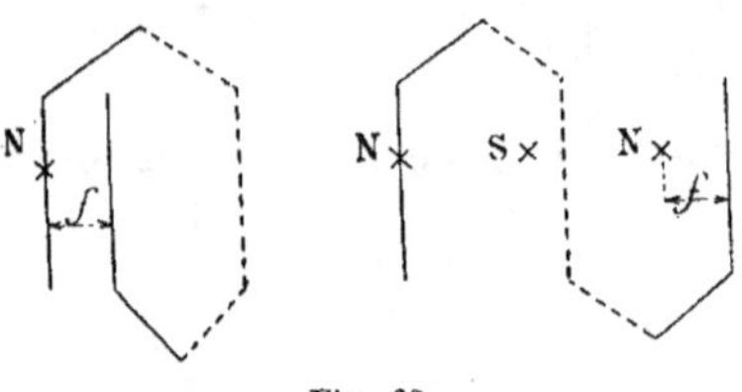

Fig. 62.

Dans les schémas de la figure 61 on a une *avance* ; dans ceux de la figure 62 on a au contraire un *recul*.

f sera évalué en nombre *de pas élémentaires*. Il peut être fractionnaire.

Pas polaire. — C'est l'écartement d'axe en axe de deux pôles inducteurs consécutifs et de sens contraire (fig. 63).

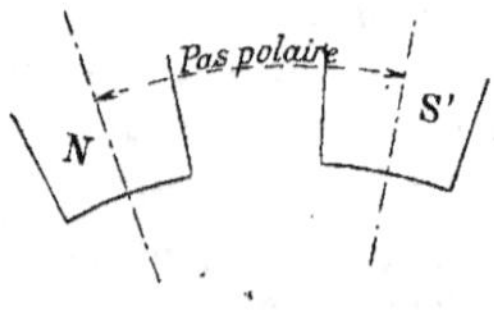

Fig. 63.

Le pas polaire peut être représenté par le nombre de pas élémentaires compris dans cet intervalle.

Espacement polaire. — C'est le nombre de paires de pôles, c'est-à
dire de champs complets, existant entre deux sections consécutives.

Dans le cas de l'anneau ou du tambour imbriqué, les commence-

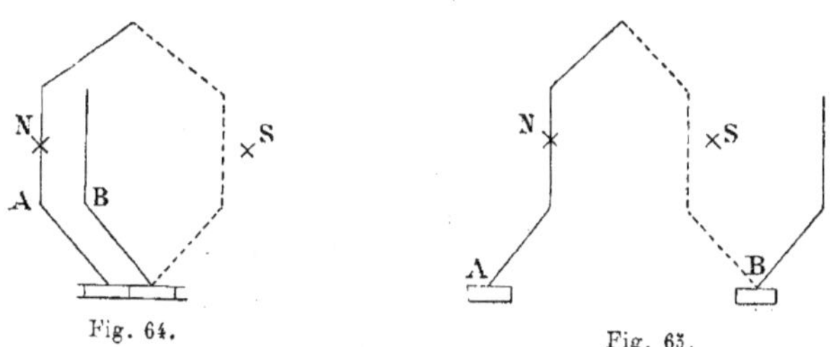

Fig. 64.   Fig. 65.

ments A et B de deux sections consécutives se trouvant toujours
sous le même pôle, l'espacement polaire est nul (fig. 64).

Dans le cas, du tambour ondulé, comme entre les points A et B il
existe une paire de pôles, l'espacement est égal à 1 (fig. 65).

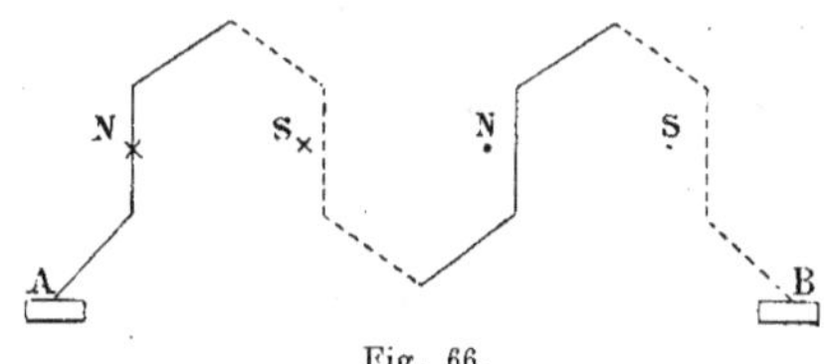

Fig. 66.

Dans le cas tout théorique d'ailleurs de la figure 66, l'espacement
serait égal à 2.

Soit m l'espacement polaire.

En général :

      $m = 0$ pour l'anneau et le tambour imbriqué

      $m = 1$ pour le tambour ondulé.

Voies d'enroulement.

L'induit, on l'a vu, est toujours formé de plusieurs circuits en parallèle, deux au minimum. Chacun de ces circuits constitue ce que
l'on appelle *une voie de l'enroulement.*

Soit $2a$ le nombre des voies d'enroulement de l'induit.

Tableau des notations employées.

$2p = $ le nombre des pôles.

$2a = $ le nombre des voies d'enroulement.

$c = $ le nombre de côtés ou de faisceaux induits par section.

$N = $ le nombre total des faisceaux de l'induit.

Si l'on suppose que chaque faisceau ne contient qu'un seul conducteur, N représente le nombre total des conducteurs placés à la périphérie de l'induit.

$y_1 \, y_3 \, y_5 \ldots$ Pas arrière de l'enroulement

$y_2 \, y_4 \, y_6$ Pas avant de l'enroulement

y Pas total ou résultant.

Tous ces pas sont comptés d'après le nombre des pas élémentaires, c'est-à-dire d'après le nombre des secteurs formés par le nombre des faisceaux à la surface de l'induit.

$f = $ pas dans le champ, ou déplacement dans le champ, ou encore décalage dans le champ (avance ou recul des conducteurs par rapport au flux inducteur). f est évalué en nombre de pas élémentaires.

$m = $ espacement polaire, évalué en nombre de paires de pôles existant entre deux sections consécutives.

Etablissement des formules générales des enroulements.

En général, le nombre des conducteurs N (nombre des faisceaux plus exactement), le nombre de pôles $2p$, le pas résultant y et le nombre des voies d'enroulement $2a$, c'est-à-dire les caractéristiques de l'enroulement, doivent remplir certaines conditions et posséder entre elles certaines relations que nous allons chercher.

Relation entre le pas résultant et le pas dans le champ. — On a évidemment :

$$y = m \, \frac{N}{p} \pm f. \tag{1}$$

En effet, ainsi qu'on l'a vu, le pas résultant y représentant le nombre de pas élémentaires existant entre deux sections consécutives, est donc bien égal au produit de l'espacement polaire m (c'est-à-dire au nombre de champs complets existant entre les sections) par le nombre de faisceaux $\left(\dfrac{N}{p}\right)$ compris dans un champ, $\pm$ le pas dans le champ f.

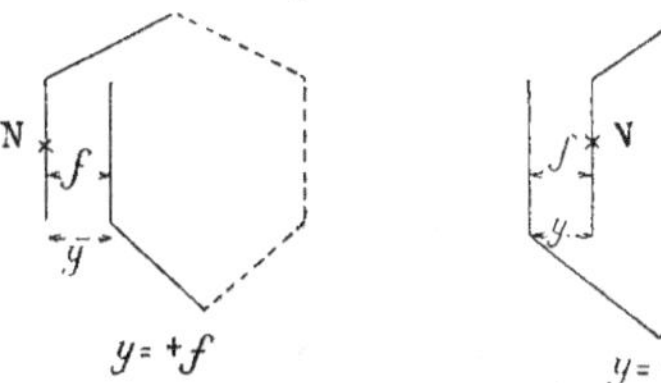

Fig. 67.

EXEMPLES. — *Cas de l'enroulement imbriqué* (fig. 67).

$$y = \pm f \quad \text{car} \quad m = 0,$$

puisque entre deux sections consécutives, il n'existe pas de champ complet.

Cas de l'enroulement ondulé (fig. 68).

$$y = \frac{N}{p} \pm f \quad \text{car} \quad m = 1 \text{ en général.}$$

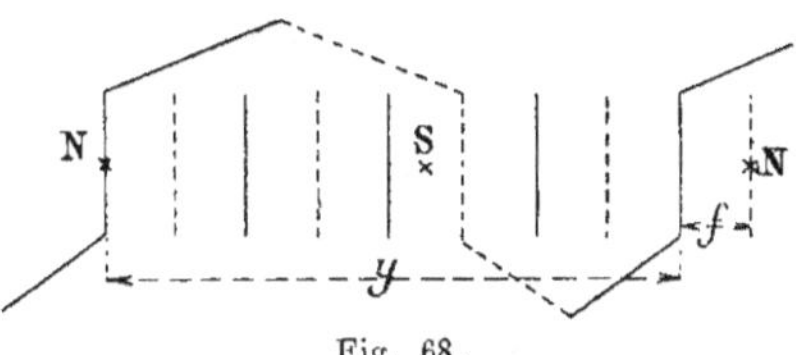

Fig. 68.

Dans le cas de la figure 68 :

$$y = \frac{N}{p} - f.$$

Comme $\dfrac{N}{p} = 9$, car il y a 9 faisceaux ou pas élémentaires entre les deux pôles nord consécutifs, et $f = -1$.

On a :

$$y = 9 - 1 = 8.$$

Relation entre le pas dans le champ et le nombre de voies de l'en-roulement. — Soit N_a le nombre de faisceaux par voie d'enroule-ment; on a évidemment, puisque chaque voie doit contenir un même nombre de faisceaux :

$$N_a = \frac{N}{2a}.$$

D'autre part, pour que la commutation soit la même sous tous les balais, il faut que ceux-ci soient tous placés dans les mêmes con-ditions par rapport aux pôles inducteurs, mais tous les balais posi-tifs devront être placés après des pôles nord, par exemple, et tous les balais négatifs après des pôles sud, ou vice versa.

Il faut donc, pour passer d'un balai à un autre, en suivant une voie d'enroulement, avancer ou reculer *par rapport aux pôles in-ducteurs* d'un *pas polaire ;* autrement dit, après avoir parcouru les N_a faisceaux d'une voie, le pas *total dans le champ* pour les N_a fais-ceaux doit être égal *au pas polaire.*

Comme N_a faisceaux correspondent à $\dfrac{N_a}{c}$ sections, puisqu'il y a c faisceaux par section et que f est le pas dans le champ d'une sec-tion, on aura donc :

$$\frac{N_a}{c} f = 1 \text{ pas polaire.}$$

N étant le nombre total des faisceaux de l'induit et $2p$ le nombre de pôles, on a évidemment :

$$\frac{N}{2p} = 1 \text{ pas polaire,}$$

d'où

$$\frac{N_a}{c} f = \frac{N}{2p}$$

et

$$\frac{N}{2ac} f = \frac{N}{2p}$$

finalement

$$f = \frac{ac}{p}. \qquad (2)$$

Formules générales des enroulements.

Si nous remplaçons dans la relation (1) f par sa valeur donnée par l'expression (2), nous aurons :

$$y = m\frac{N}{p} \pm \frac{ac}{p},$$

d'où

$$y = \frac{mN \pm ac}{p}, \qquad (3)$$

ou bien :

$$N = \frac{py \pm ac}{m}, \qquad (4)$$

Les formules (3) et (4) sont les formules générales pour tous les enroulements anneaux ou tambour, ondulé ou imbriqué.

Elles ont été établies par le professeur *Arnold*.

Il faut maintenant chercher les conditions qui sont à réaliser pour que l'enroulement soit fermé sur lui-même et pour qu'un conducteur ne soit pas rencontré deux fois avant l'épuisement de tous les conducteurs.

Condition à réaliser pour que l'enroulement soit fermé.

Il faut évidemment pour que l'enroulement soit fermé, revenir au conducteur de départ après avoir parcouru tous les conducteurs. Pour cela, il est nécessaire d'avoir fait, en tournant autour de l'induit pour suivre les conducteurs, exactement un nombre entier de circonférences. Soit A ce nombre entier. La circonférence de l'induit étant divisée par les faisceaux en N parties égales, lorsque l'on aura fait A fois le tour de l'induit, on aura parcouru AN intervalles. D'autre part, le nombre d'intervalles entre deux sections consécutives étant égal au pas résultant y, comme le nombre de sections de l'induit $= \dfrac{N}{c}$, lorsqu'on aura épuisé les $\dfrac{N}{c}$ sections, on aura donc parcouru $y\dfrac{N}{c}$ intervalles. Il faudra alors, pour que l'enroulement se ferme, que :

$$y\frac{N}{c} = AN,$$

d'où

$$y = c\mathbf{A},$$

A étant un nombre entier quelconque.

En particulier pour un *tambour*, c est pair et ordinairement égal à 2.

Donc :

Pour qu'un enroulement ordinaire en tambour se ferme, il faut et il suffit que y *soit pair.* Dans le cas de l'anneau il suffit que y soit entier.

Condition à obtenir pour qu'un conducteur ne soit pas rencontré deux fois avant l'épuisement de tous les conducteurs.

Cas de l'enroulement ondulé. — Comme, avec l'enroulement ondulé, on avance toujours sur la périphérie de l'induit sans revenir en arrière, on ne pourra rencontrer un conducteur déjà utilisé qu'après avoir parcouru un certain nombre de fois la circonférence de l'induit.

Supposons que, partant d'un conducteur quelconque, et après avoir épuisé un nombre de faisceaux N' quelconque, mais plus petit que N, ou ne veuille pas rencontrer le conducteur de départ. D'après ce que l'on vient de voir, pour obtenir un enroulement fermé, il suffira que

$$y\,\frac{N'}{c} \neq AN,$$

Quelles que soient les valeurs de N' et de A, sauf pour N'=N.

Il faut donc que $\dfrac{y}{c}$ *et* N *soient premiers entre eux,* car A et N' étant des nombres entiers, si $\dfrac{N}{\frac{y}{c}}$ n'est pas un nombre entier, on a évidemment :

$$N' \neq \frac{N}{\frac{y}{c}}\,A,$$

quels que soient A et N′, sauf pour

$$N' = N \quad \text{et} \quad A = \frac{y}{c}.$$

Cas de l'enroulement imbriqué. — La même condition doit évidemment être remplie, mais il en faut aussi une seconde, car dans cet enroulement on revient en arrière.

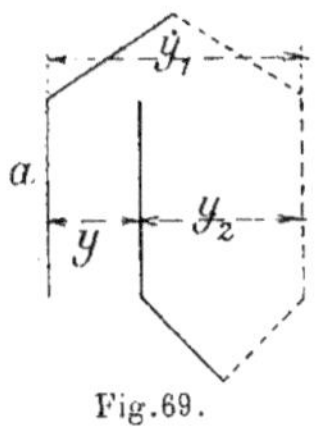

Fig. 69.

Pour que partant du conducteur a (fig. 69) et après avoir fait n pas résultants (n étant quelconque), on ne vienne pas rencontrer le conducteur b, il faut évidemment que

$$ny \neq y_1 \quad \text{ou} \quad n(y_1 - y_2) \neq y_1,$$

ou bien

$$ny \neq y_2 + y \quad (n-1)y \neq y_2 \quad (n-1)(y_1 - y_2) \neq y_2.$$

Il faut donc que y_1 et y_2 ne soient pas des multiples de $y_1 - y_2$, ce qui ne peut d'ailleurs jamais arriver avec l'enroulement en tambour ordinaire, puisque dans ce cas, y_1 et y_2 sont impairs tandis que $y_1 - y_2 = y$ est pair.

Enroulements à circuits multiples.

Si à un enroulement ordinaire, on juxtapose un enroulement identique, faisceau à faisceau, lame de collecteur à lame de collecteur, un faisceau d'un enroulement, suivant exactement le faisceau semblable du second enroulement, on obtient ainsi deux circuits distincts. Au lieu de deux enroulements semblables, on peut en mettre r juxtaposés les uns dans les autres ; l'ensemble forme alors *un enroulement à circuits multiples*, le nombre des circuits étant r.

Pour chaque enroulement considéré *seul*, la formule (3) donne

$$y' = \frac{mN' \pm a'c}{p},$$

où

N' = nombre de faisceaux de l'enroulement seul,

y' = pas résultant en ne tenant compte que des faisceaux de l'enroulement considéré,

a' = nombre de voies du même enroulement.

Si maintenant l'on considère les r enroulements identiques, on a :

Le nombre total des conducteurs $N = rN'$
Le nombre total des voies $\quad a = ra'$
Le pas résultant $\quad\quad\quad y = ry'$

puisque, entre deux sections consécutives, le nombre des faisceaux et par suite des pas élémentaires est devenu r fois plus grand.

La formule (3) devient alors, avec tous les enroulements :

$$ry' = \frac{mrN' \pm ra'c}{p},$$

ou

$$y = \frac{mN \pm ac}{p}.$$

On retrouve donc la formule générale des enroulements mais, avec la condition que y, N et a soient divisibles par un nombre entier r.

D'autre part, N et y doivent également être divisibles par c (nombre des faisceaux par section) puisque N' et y' sont divisibles par c. En effet, dans tout enroulement, N et y sont divisibles par c puisque $\dfrac{N}{c}$ représente le nombre des sections et $\dfrac{y}{c}$ le pas résultant, évalué toujours d'après le nombre d'intervalles existant entre les faisceaux commençant de deux sections consécutives, mais ces intervalles, au lieu d'être formés par les faisceaux, sont formés par les sections ou plutôt par les faisceaux commençant les sections.

$\dfrac{N}{c}$ et $\dfrac{y}{c}$ sont donc des nombres entiers, d'où la conclusion suivante :

Dans le cas des enroulements à circuits multiples, les formules générales des enroulements sont applicables, avec la condition que $\dfrac{y}{c}$, $\dfrac{N}{c}$ et a soient divisibles par un nombre entier r représentant le nombre des circuits indépendants.

RÉCIPROQUE. — *Si dans un enroulement $\dfrac{N}{c}$ et $\dfrac{y}{c}$ admettent un plus grand commun diviseur r, le nombre de voies a est divisible également par r, et l'enroulement possède r circuits distincts.*

a est divisible par r, en effet :
Supposons

$$\frac{y}{c} = r\,\frac{y'}{c}$$

$$\frac{N}{c} = r\,\frac{N'}{c}.$$

$\dfrac{y'}{c}$ et $\dfrac{N'}{c}$ étant des nombres entiers ainsi que r.
On a :

$$ac = \pm\,(py - mN)$$

$$a = \pm\,r\left(p\,\frac{y'}{c} - m\,\frac{N'}{c}\right)$$

Et comme $p\,\dfrac{y'}{c} - m\,\dfrac{N'}{c}$ est évidemment un nombre entier, car c'est une différence de deux nombres entiers, a est bien divisible par **r**.

Il y aura r circuits distincts. En effet, lorsque l'on a parcouru N' faisceaux (ou $\dfrac{N'}{c}$ sections), le pas étant y, on aura fait sur la circonférence de l'induit un nombre d'intervalles $= y\,\dfrac{N'}{c}$, puisque y représente le nombre d'intervalles entre deux sections consécutives.
Or,

$$y = ry',$$

et

$$N = rN',$$

d'où :

$$yN' = y'N$$

et enfin, le nombre d'intervalles parcourus :

$$y\,\frac{N'}{c} = y'\,\frac{N}{c}.$$

Or, la circonférence de l'induit est divisée en N intervalles égaux. Comme $\dfrac{y'}{c}$ est entier, on a donc parcouru un nombre entier de cir conférences, et par conséquent, après avoir épuisé seulement N' faisceaux, on est revenu à celui du point de départ, et l'on a constitué un circuit fermé.

En changeant le point de départ, on trouve de même les $r - 1$ autres circuits.

Sauf dans le cas de l'enroulement série, où le nombre de voies doit être égal à 2, les enroulements à circuits multiples peuvent évidemment se présenter dans tous les cas avec l'anneau ou le tambour, le bobinage ondulé ou le bobinage imbriqué.

RÉSUMÉ

Les formules

$$y = \frac{mN \pm ac}{p}, \tag{3}$$

$$N = \frac{py \pm ac}{m}, \tag{4}$$

représentent les formules générales de tous les enroulements avec ordinairement

$m = 0$, pour le bobinage imbriqué;
$m = 1$, pour le bobinage ondulé;
$c = 1$, pour l'anneau;
$c = 2$, pour le tambour.

Pour que l'enroulement *soit fermé*, il faut et il suffit que

$$y = c A,$$

A étant un nombre entier quelconque.

Dans le cas du *tambour*, c étant pair, y doit être *pair*.

Il faut, d'autre part, que les pas composants y_1 et y_2 soient *impairs*.

Un *seul circuit* forme l'enroulement, lorsque $\dfrac{N}{c}$ et $\dfrac{y}{c}$ sont premiers entre eux.

r *circuits indépendants* composent l'enroulement, lorsque $\dfrac{N}{c}$ et $\dfrac{y}{c}$ ont r comme plus grand commun diviseur.

L'enroulement est alors dit à *circuits multiples*.

APPLICATION DES FORMULES GÉNÉRALES D'ARNOLD
AUX ENROULEMENTS EMPLOYÉS DANS LA PRATIQUE

A. — Anneau.

On a en général $c = 1$, c'est-à-dire qu'il n'y a qu'un seul faisceau induit par section, sauf dans l'enroulement Wodicka où $c = 2$; cet enroulement étant d'ailleurs, ainsi qu'on l'a vu, un véritable enroulement en tambour.

1° **Enroulement en parallèle.** — (Enroulement Gramme ordinaire).
Deux sections consécutives commençant sous le même pôle, $m = o$ les formules (3) et (4) donnent :

$$y = \pm \frac{ac}{p} = \pm 1 \quad \text{car} \quad a = p.$$

$$N = \frac{py \pm ac}{0}.$$

Comme $py \pm ac = o$, N est donc indéterminé.

Le nombre des faisceaux peut donc être quelconque, mais le pas résultant doit être égal à ± 1 (fig. 70).

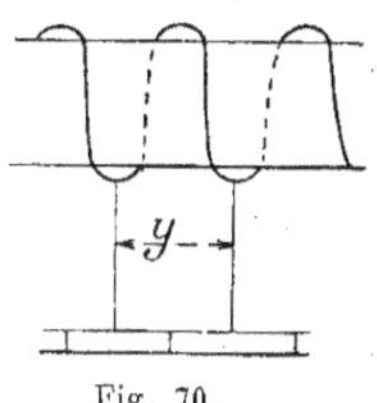

Fig. 70.

2° **Enroulement en série.** — Deux voies d'enroulement seulement, d'où $2a = 2$.

Les commencements de deux sections consécutives doivent être placés sous 2 *pôles de même nom mais différents*, ces 2 pôles se suivant en général immédiatement.

Donc :

$$m = 1.$$

Les formules (3) et (4) deviennent dans ce cas :

$$y = \frac{N \pm 1}{p}$$
$$N = py \pm 1.$$

Ces formules conviennent pour l'enroulement série ordinaire (enroulement Perry).

Dans le cas de la figure 48, on a

$$y = 4, \quad p = 2$$

et

$$N = 2 \times 4 - 1 = 7.$$

Comme on le voit, le nombre des faisceaux ne peut pas être quelconque, y peut être pair ou impair.

B. — Enroulements en tambour.

Chaque section doit comporter un nombre pair de faisceaux, deux ordinairement d'où :

$$c = 2.$$

1° **Enroulement en parallèle ordinaire** $2a = 2p$. — Si $m = o$, c'est-à-dire si deux sections consécutives commencent sous le même pôle, on a un *enroulement imbriqué*.

Si $m \neq o$, soit $= 1$ ordinairement, on a un *enroulement ondulé*.

Enroulement imbriqué $(m = o)$. — Les formules d'Arnold donnent

$$y = \pm c = \pm 2.$$
$$N = \frac{0}{0}.$$

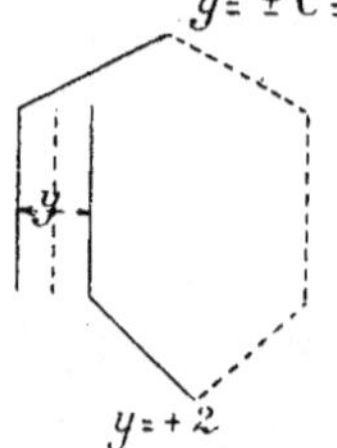

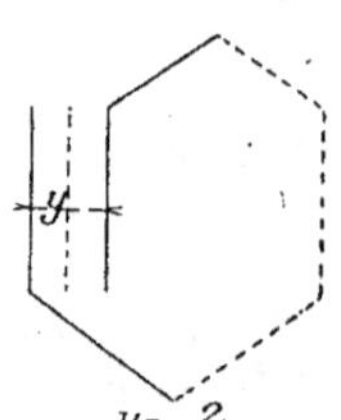

Fig. 71.

Le nombre des faisceaux peut donc être quelconque (fig. 71).

Enroulement ondulé (m $\neq o = 1$ ordinairement).

On obtient :

$$y = \frac{N}{p} \pm 2, \quad \text{car} \quad a = p$$

$$N = py \pm 2p = p\,(y \pm 2).$$

On voit alors facilement que, pour $2\,p = 4$ *pôles* par exemple, les seules valeurs possibles de N et y, qui doivent être pairs, sont données par le tableau suivant :

N	y	
4	+	4
	—	0
8	+	6
	—	2
12	+	8
	—	4
16	+	10
	—	6
20	+	12
	—	8
24	+	14
	—	10
etc.		

Ce tableau est facile à établir, car il suffit de remarquer que y devant être pair, les seules valeurs *paires* de N possibles sont celles pour lesquelles $\dfrac{N}{p}$ est *pair*.

Il est évident que toutes les valeurs indiquées pour N et y ne sont pas pratiques, car il faut :

1° Un nombre de faisceaux assez grand pour que le nombre de lames du collecteur soit suffisant.

2° Que, dans chaque voie d'enroulement, toutes les f. é. m. s'ajoutent pour réaliser une bonne utilisation des conducteurs.

Pas composants. — Cette seconde condition donne les valeurs possibles pour y et pour les pas composants y_1 et y_2 qui, d'autre part, comme on l'a vu, doivent être impairs.

Ainsi pour

$$2p = 4, \quad N = 16, \quad y = 10.$$

On peut avoir

$$y_1 + y_2 = 1 + 9 = 10$$
$$y_1 + y_2 = 3 + 7 = 10$$
$$- \quad = 5 + 5 = 10$$
$$- \quad = 7 + 3 = 10$$
$$- \quad = 9 + 1 = 10.$$

Évidemment, les seuls pas composants pratiques sont les suivants :

1°
$$y_1 = 3, \quad y_2 = 7.$$

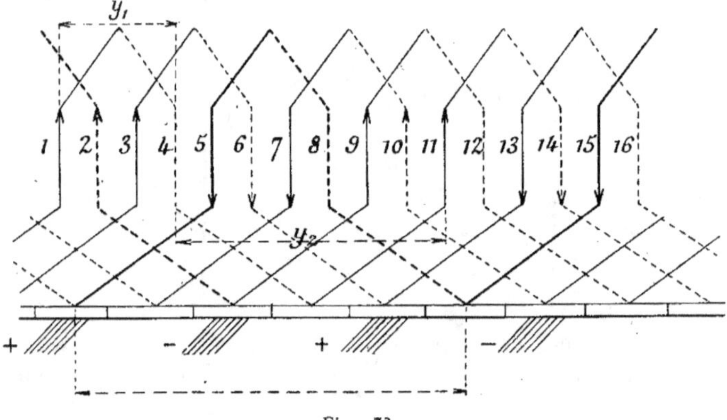

Fig. 72.

d'où le schéma 72.

On a figuré en gros traits une des voies d'enroulement.

On peut remarquer

a) Que cette voie est bien formée de $\dfrac{N}{2\,a} = \dfrac{16}{4} = 4$ conducteurs (faisceau).

b) Que toutes les f. é. m. s'ajoutent, et que par conséquent les conducteurs sont bien utilisés.

c) Que les 4 conducteurs occupent par rapport aux champs inducteurs toutes les jonctions possibles et que, par conséquent, les conducteurs des différentes voies occupent toujours des positions relatives semblables. La f. é. m. induite doit donc être la même pour chaque voie de l'enroulement.

$$2° \qquad y_1 = 5, \quad y_2 = 5, \quad y = 10.$$

On a alors le schéma 73, dans lequel on n'a représenté qu'une seule voie d'enroulement.

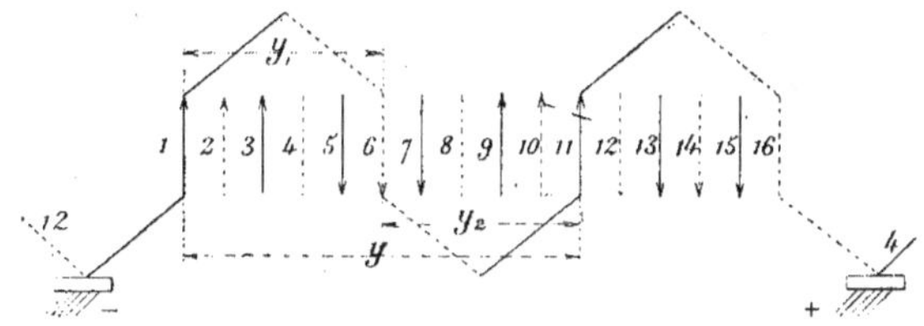

Fig. 73.

On peut faire les mêmes remarques que précédemment.

$$3° \qquad y_1 = 7, \quad y_2 = 3, \quad y = 10.$$

Cet enroulement est possible, mais il est moins avantageux que les deux précédents car, sur les trois conducteurs qui sont le siège d'une f. é. m. induite, il y en a un, le conducteur 3, dans lequel la f. é. m. est de sens opposé à celui des deux autres.

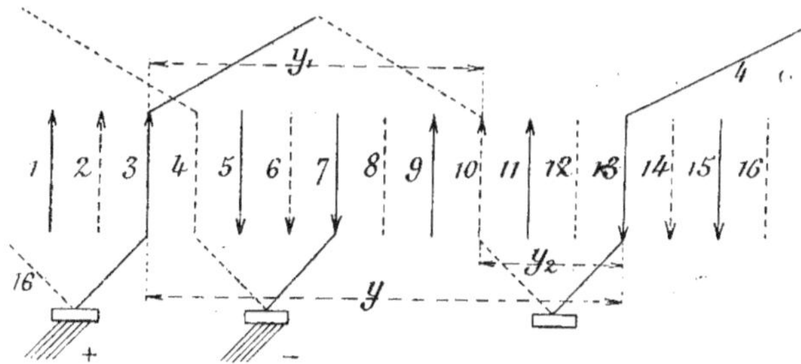

Fig. 74.

On verrait facilement que, dans les trois autres voies, il en est également de même (fig. 74).

En plaçant le collecteur sur la face opposée, on retrouverait évidemment le premier enroulement :

$$(y_1 = 3, \quad y_2 = 7).$$

REMARQUE. — Ainsi qu'on le verra dans la suite, l'enroulement en parallèle ondulé est rangé plutôt dans la catégorie des enroulements *série-parallèle*.

2° **Enroulement série**. — Le nombre des voies de l'enroulement étant réduit à 2, on a :

$$2a = 2.$$

Enroulement imbriqué $(m = o)$. — La formule (3) donne :

$$y = \pm \frac{ac}{p} = \pm \frac{2}{p}.$$

Comme y doit être un nombre pair, l'enroulement imbriqué série n'est donc possible que pour $p = 1$ (dynamo bipolaire) mais, comme dans ce cas $2a = 2p$, on retrouve l'enroulement en parallèle ordinaire.

L'enroulement série n'est donc pas possible avec le bobinage imbriqué et ne peut se faire *qu'avec le bobinage ondulé*, aussi réserve-t-on souvent le nom d'enroulement parallèle à l'enroulement imbriqué et d'enroulement série à l'enroulement ondulé.

Enroulement ondulé $(m \neq o = 1)$.
On a :

$$y = \frac{N \pm 2}{p}$$

$$N = py \pm 2.$$

Comme pour l'enroulement en parallèle, on peut dresser un tableau donnant les valeurs possibles de y et de N.

Par exemple, pour $2p = 4$, on obtient les valeurs suivantes pour N et y.

N	y	
2	$+$	2
	$-$	0
6	$+$	4
	$-$	2
10	$+$	6
	$-$	4
14	$+$	8
	$-$	6
18	$+$	10
	$-$	8
22	$+$	12
	$-$	10
30	$+$	16
	$-$	14
etc.		

Les remarques faites dans le cas de l'enroulement en parallèle ondulé, s'appliquent également ici pour la détermination des valeurs pratiques de N, de y et des pas composants y_1 et y_2.

Exemple. — Faisons un enroulement série possédant les caractéristiques suivantes :

$$2p = 4, \quad N = 22, \quad y = 10, \quad y_1 = y_2 = 5.$$

Sur la figure 75 l'on n'a représenté qu'une seule voie d'enroulement.

Les faisceaux représentés en traits plus forts, 7 et 12 d'une part, 13 et 19 de l'autre, n'étant le siège d'aucune f. é. m., peuvent être mis en court-circuit sans inconvénient, en mettant 2 balais positifs et 2 balais négatifs. Ces faisceaux dans ce cas n'appartiennent à aucune voie d'enroulement.

On remarque alors facilement :

a) Que chaque voie renferme le même nombre total de conducteurs actifs, c'est-à-dire qui sont le siège d'une f. é. m. induite.

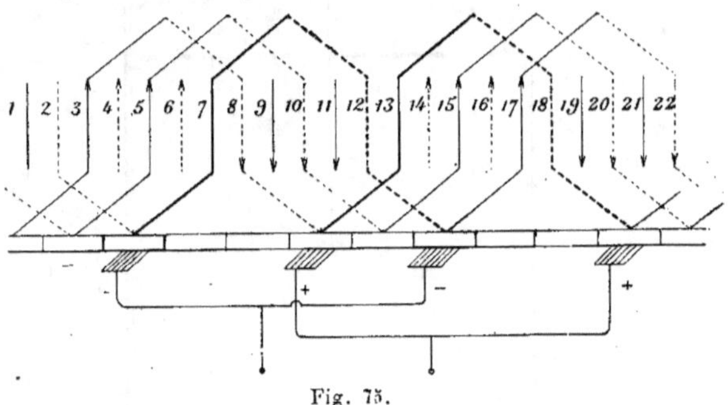

Fig. 75.

b) Que dans chaque voie, les f. é. m. s'ajoutent pour donner la même f. é. m. totale.

c) Qu'il y a autant de lignes de balais que de pôles. On verrait d'ailleurs facilement, en faisant d'autres applications, surtout avec un nombre de faisceaux plus grand, qu'il est possible d'énoncer la règle générale suivante :

Avec un enroulement série, *on peut placer sur le collecteur autant de lignes de balais que de pôles, chaque balai étant évidemment*

écarté du suivant d'un angle $\dfrac{2\,\pi}{2\,\mathrm{p}}$.

3° Enroulements série-parallèle.

On vient d'étudier les enroulements parallèles, dans lesquels $2\,a = 2p$, et les enroulements série avec $2\,a = 2$, le nombre de pôles étant quelconque. Il existe encore une catégorie d'enroulements répondant à la condition suivante :

$$2a > 2 \text{ avec un nombre de pôles quelconque.}$$

Ce sont les enroulements *série-parallèle* :

Nous n'étudierons ces enroulements que pour le tambour car, bien que possibles, ils ne sont pas employés pour l'anneau. Il nous faut envisager deux cas, suivant que nous voulons réaliser un enroulement imbriqué ou un enroulement ondulé.

Enroulement imbriqué. — On doit avoir dans ce cas

$$2\,a \gtreqqless 2\,p,$$

avec a divisible par p

On a, en effet, d'après la formule (3)

$$y = \pm \frac{ac}{p} = \frac{a \times 2}{p}.$$

comme y doit être pair, la relation précédente exige donc que a soit supérieur ou égal à p et divisible également par p.

Lorsque $a = p$, on retrouve l'enroulement parallèle ordinaire.

Pour $a > p$, on a l'enroulement *parallèle-multiple*.

Nous n'étudierons les enroulements parallèle-multiple qu'après avoir examiné les enroulements ondulés.

Enroulements ondulés.

Pour

$$2p > 2a,\ \text{on a l'enroulement } \textit{série-parallèle ordinaire}$$

et pour

$$2a \geqq 2p,\ \text{l'enroulement } \textit{série-parallèle multiple}$$

Les formules générales d'Arnold deviennent dans ce cas:

$$y = \frac{N \pm 2a}{p}$$

$$N = py \pm 2a.$$

Ces enroulements ont été découverts entièrement par M. Arnold en partant de ses formules.

Remarque. — Il ne faut pas confondre les enroulements *multiples* avec les enroulements *à circuits multiples*. Les enroulements multiples, caractérisés par le nombre de voies qui est supérieur au nombre de pôles, peuvent être à un seul circuit ou à *circuits multiples*.

Application. — Soit

$$y = 10, \quad 2p = 6, \quad 2a = 4.$$

On a

$$N = 3 \times 10 - 2 \times 2 = 26.$$

Soit

$$y_1 = y_2 = 5.$$

Dans la fig. 76 une seule voie est représentée. On voit facilement que chaque voie renferme six conducteurs, et qu'il existe en plus

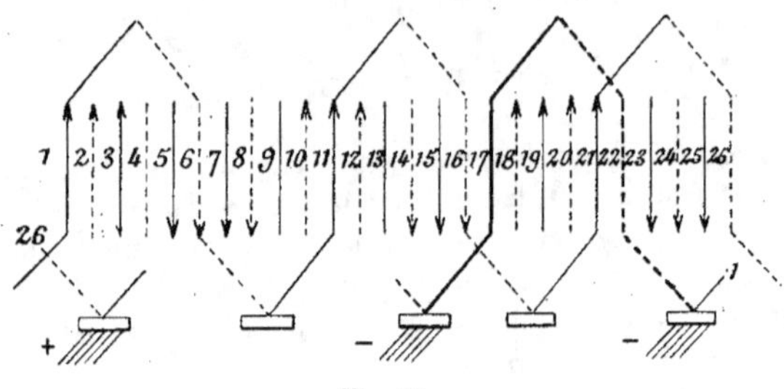

Fig. 76.

deux conducteurs (17 et 22), que l'on peut mettre en court-circuit par deux balais et qui, par conséquent, n'appartiennent à aucune voie.

Les six conducteurs de chaque voie sont répartis sous tous les pôles.

En construisant un enroulement avec un nombre de conducteurs beaucoup plus grand, on se rendrait compte facilement, qu'il est possible de mettre six balais, c'est-à-dire autant de balais que de pôles.

D'ailleurs d'une manière générale, dans un enroulement *série parallèle*, comme dans un enroulement *série*, on peut toujours mettre *autant de balais que de pôles*.

Avantages des enroulements série-parallèle. — 1° On a vu que s'il existe des dissymétries dans les flux inducteurs, (dissymétries pouvant provenir par exemple d'un entrefer irrégulier dû à l'usure des coussinets), il peut alors se produire des courants de circulation très intenses dans l'enroulement.

On a vu également, comment les connexions équipotentielles de Mordey pouvaient, jusqu'à un certain point, remédier aux inconvénients résultant de ces courants, mais sans empêcher ceux-ci de se produire.

Avec les enroulements *série-parallèle*, les conducteurs d'une même voie étant répartis sous tous les pôles, les courants de circulation ne peuvent donc plus exister, ou *plutôt leur importance se trouve bien diminuée*, car il est évident, que toutes les voies ne peuvent pas se trouver à chaque instant dans des positions absolument identiques.

On pourra donc employer encore utilement avec ces enroulements les connexions équipotentielles de Mordey, lorsque ce sera possible.

2° Pour faire un induit, il est plus avantageux d'employer des barres plutôt que des bobines. La construction est plus simple et plus mécanique, l'isolement est plus facile à réaliser et les réparations, ainsi que le nettoyage sont plus faciles à faire.

Avec l'enroulement parallèle ordinaire $(2a = 2p)$ si la tension que doit donner la dynamo est un peu élevée, comme on est obligé de mettre dans chaque voie un nombre de conducteurs suffisamment grand, le nombre total des conducteurs peut devenir trop considérable pour permettre l'emploi de barres.

Avec l'enroulement *série-parallèle*, on peut, en réduisant le nombre des voies à volonté, diminuer le nombre total des conducteurs et employer presque toujours des barres.

3° Les enroulements *série-parallèle*, permettent facilement d'utiliser les mêmes tôles d'induit avec les mêmes trous, pour des machines devant donner des tensions différentes. On simplifie ainsi la construction. Le nombre des trous détermine, en effet, le nombre N des faisceaux ; or l'on voit, que pour le même nombre N, en faisant varier le nombre des voies d'enroulement (quel que soit le nombre des pôles) on peut obtenir différentes tensions. Si par exemple, pour deux voies on a 600 volts, avec quatre voies, on en aura 300, six voies 200 et huit voies, 150 volts.

Inconvénients des enroulements série-parallèle. — Lorsque l'on emploie autant de balais que de pôles, il peut se produire dans les enroulements série parallèle des courants de circulation provenant du fait suivant :

Si nous considérons, en effet, le schéma de la figure 75 on voit que pour qu'il soit possible de mettre deux balais + et deux balais —, il est indispensable qu'il n'y ait aucune f. é. m. induite dans les conducteurs mis en court-circuit par les balais. Or il peut arriver qu'il n'en soit pas ainsi, et que des courants de circulation très intenses, même si les f. é. m. sont très faibles, traversent les conducteurs en court-circuit et les balais, en produisant des étincelles au collecteur.

Il est évident que ces courants de circulation ne pourraient pas être évités en plaçant des connexions équipotentielles, car on voit facilement que les conducteurs que l'on devrait relier ensemble avec ces connexions (7 et 12 d'une part, 13 et 18 de l'autre, dans le cas de la figure 75) sont à des potentiels bien différents, lorsqu'ils ne sont plus court-circuités par les balais.

D'autre part, même s'il n'y a aucune f. é. m. résultante dans les conducteurs mis en court-circuit par les balais, il se peut qu'une rangée de balais étant plus résistante que l'autre, le courant de l'induit, au lieu de se répartir également entre les deux lignes de balais, passe en majeure partie par la rangée présentant le moins de résistance et détermine également la production d'étincelles aux balais de cette rangée prévue pour supporter normalement une intensité beaucoup plus faible.

On doit donc, avec les enroulements série-parallèle, pour ne pas avoir de difficultés avec la commutation, attacher une grande importance au choix et au fonctionnement des balais, afin que les intensités se répartissent convenablement sur chaque rangée de balais.

Avec l'enroulement série, qui n'est qu'un cas particulier des enroulements série-parallèle, on peut rencontrer les mêmes inconvénients mais, en général, on les évite en ne plaçant que deux rangées de balais.

Les enroulements série-parallèle ordinaires ont eu pendant quelque temps, après 1900, beaucoup de succès mais, les inconvénients que l'on vient de signaler ayant donné lieu à bien des déboires, ces enroulements ont été peu à peu abandonnés par beaucoup de constructeurs.

Enroulement parallèle-multiple. — Ce sont, on l'a déjà vu, des enroulements imbriqués $(m = 0)$ dans lesquels on a un nombre de voies d'enroulement supérieur au nombre de pôles et divisible par le nombre de pôles.

Les formules générales (3) et (4) deviennent :

$$y = \pm \frac{ac}{p} = \pm \frac{a \times 2}{p}.$$

$$N = \frac{0}{0}.$$

Le nombre de faisceaux peut donc être quelconque

D'autre part, y doit être toujours *pair*, on ne peut donc pas avoir par exemple

$$2a = 6 \quad \text{et} \quad 2p = 4,$$

car y serait égal à 3

Application. — Soit :

$$2p = 4, \quad 2a = 8.$$

Alors

$$y = \pm \frac{4 \times 2}{2} = \pm 4 ; \text{adoptons} - 4.$$

Prenons

$$N = 30 \quad \text{et} \quad y_1 = + 5 \quad y_2 = - 9.$$

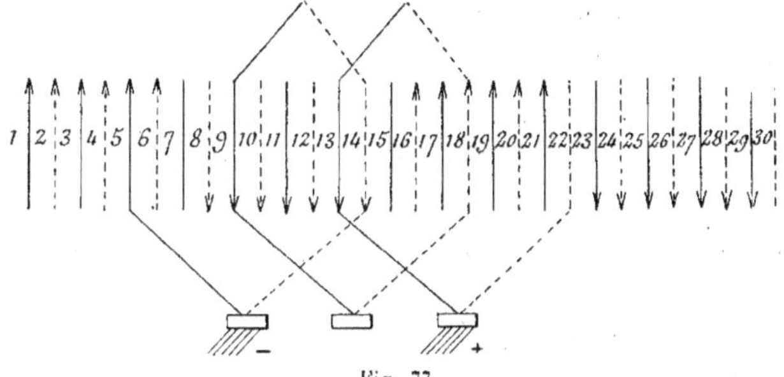

Fig. 77.

La figure 77 représente l'enroulement avec une seule voie entièrement tracée.

Dans le schéma 78, où la moitié de l'enroulement est figuré, le bobinage paraît être formé de deux enroulements distincts sem-

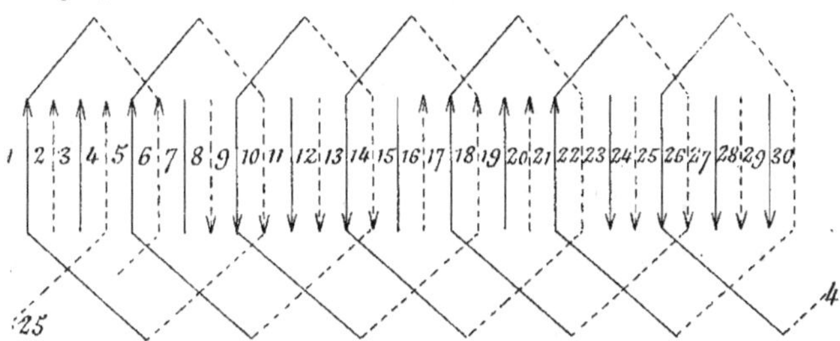

Fig. 78.

blables et enchevêtrés l'un dans l'autre. En réalité, dans l'enroulement de la figure 78, il n'y a qu'un *seul* circuit fermé sur lui-même, comme l'on peut s'en convaincre en le terminant car $\dfrac{N}{c} = 15$ et $\dfrac{y}{c} = 2$ sont premiers entre eux.

Si, au lieu de 30 faisceaux, on en avait pris 32, $\dfrac{N}{c} = 16$ et $\dfrac{y}{2} = 2$ étant alors divisibles par 2, on aurait eu deux circuits distincts.

TABLEAU GÉNÉRAL DES ENROULEMENTS EN TAMBOUR (pour $c = 2$)

On peut classer les enroulements d'après le nombre de voies $2a$, le nombre de pôles $2\,p$ pouvant être quelconque.

$2a = 2$	**Série.** Bobinage *ondulé* ($m = 1$) seul possible.		$y = \dfrac{N \pm 2}{p}$ $N = py \pm 2.$
$2a > 2$ Dans ce cas tous les enroulements peuvent être à *un* seul circuit ou à *circuits multiples*. Ils auront r circuits indépendants si $\dfrac{N}{c}$ et $\dfrac{y}{c}$ sont divisibles par r.	**1° Série-parallèle.** Bobinage *ondulé* possible dans tous les cas $y = \dfrac{N \pm 2a}{p}$ $N = py \pm 2a.$	$2a < 2p$ $2a > 2p$ $2a = 2p$	**Série-parallèle** *ordinaire.* **Série-parallèle** *multiple.* **parallèle ordinaire.** Ce nom est réservé plutôt à l'enroulement imbriqué.
	2° Parallèle. Bobinage *imbriqué* ($m = 0$) possible seulement pour $2a \geqq 2p$ et a divisible par p. N quelconque.	$2a = 2p$ $2a > 2p$	**Parallèle ordinaire** $y = \pm 2.$ **Parallèle multiple** $y = \pm \dfrac{2a}{p}.$

Conditions d'emploi des divers types d'enroulements.

Il est difficile de donner sur le choix des enroulements des règles bien précises, celui-ci dépendant beaucoup des conditions inhérentes à chaque cas particulier. On peut dire cependant d'une façon générale que, pour une puissance déterminée :

Si l'intensité a une valeur moyenne, on pourra employer l'enroulement *parallèle* avec le bobinage imbriqué, en ayant soin de mettre des connexions équipotentielles, sauf si la puissance de la machine est très faible ;

Si l'intensité est très grande, on emploiera un enroulement *parallèle multiple*, avec un seul circuit, ou avec *circuits multiples*, suivant le nombre des faisceaux.

Si la *tension est élevée*, ce sera l'enroulement *série* qu'il faudra choisir, de façon que le nombre de spires et par suite le nombre de lames au collecteur ne soit pas exagéré. (On sait, en effet, que pour obtenir une bonne commutation, il faut que le nombre de spires entre deux lames du collecteur ne soit pas trop considérable.)

Dans le cas de *tensions moyennes*, on peut faire usage des enroulements *série-parallèles*, en faisant varier le nombre des voies suivant la tension. Comme on l'a déjà dit, ces enroulements après avoir eu beaucoup de succès, sont actuellement moins employés à cause des difficultés rencontrées pour la commutation.

Enroulements en disque.

Ces enroulements ont d'abord été imaginés par Pacinotti, mais ils ont surtout été utilisés par *Desroziers*.

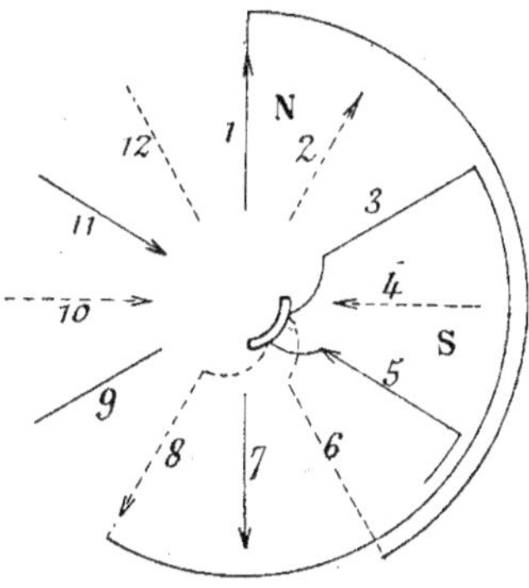

Fig. 79.

Les enroulements en disque sont de véritables enroulements en tambour; cependant, les conducteurs actifs au lieu d'être parallèles à l'arbre, sont tous placés dans un plan perpendiculaire à celui-ci, ce qui donne à l'induit l'aspect d'un disque. La face avant de l'induit devient la partie centrale et la face arrière la partie périphérique.

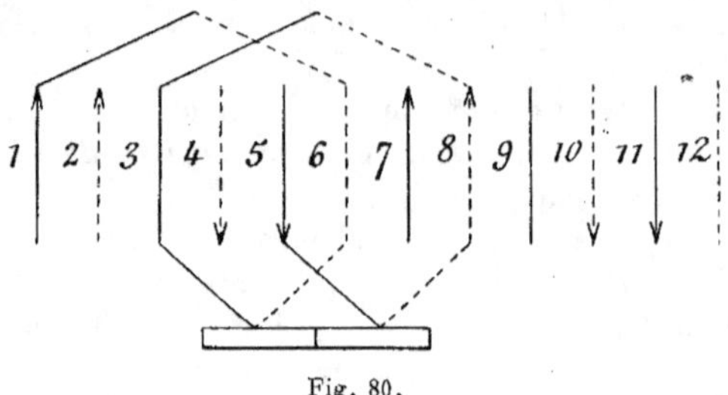

Fig. 80.

Les flux inducteurs sont alors dirigés parallèlement à l'arbre et par conséquent perpendiculairement aux conducteurs.

La fig. 79 représente l'enroulement à disque correspondant à l'enroulement tambour imbriqué ordinaire, quatres pôles, douze conducteurs, représenté fig. 80.

Le principal avantage de ces induits était de pouvoir être établis sans fer (on supprimait donc les pertes par hystérésis et courants de Foucault dans le fer). Mais les difficultés de construction étaient très grandes surtout pour obtenir une fixation mécanique suffisante des conducteurs ; aussi les induits à disques, après quelque temps de succès, ont ils été complètement abandonnés.

CHAPITRE III

Construction des dynamos à courants continus.

BOBINAGE

On a vu, dans l'étude des enroulements, les différents modes de liaison des conducteurs entre eux; on va examiner maintenant, le bobinage de l'induit, c'est-à-dire les différentes manières de disposer et de fixer les conducteurs sur l'induit.

L'induit peut être *lisse* ou *denté*.

Induit lisse.

L'induit lisse n'est plus actuellement adopté que très rarement dans le cas de l'anneau et ne l'est, pour ainsi dire jamais dans le cas du tambour.

Avec l'induit lisse, la fabrication des tôles est un peu plus simple, c'est là le seul avantage sensible de cette disposition.

L'induit est recouvert d'une couche isolante en papier, en calicot, ou en micanite, sur laquelle on dispose les conducteurs qui sont eux-mêmes isolés par 2 ou 3 couches de coton.

Il convient de remarquer à ce sujet, que les isolants étant toujours de mauvais conducteurs de la chaleur, le refroidissement d'un induit lisse se fait assez mal. Dans un induit denté, les dents qui ne sont pas isolées à la périphérie contribuent beaucoup à assurer le refroidissement.

Des *cales ou coins d'entraînement*, placées sur l'induit de distance en distance, empêchent le glissement des conducteurs. Ces cales qui peuvent être en matière isolante (fibre, stabilite etc.), ou en métal, sont fixées dans des rainures faites à la surface de l'induit.

Des *frettes* empêchent les conducteurs de s'échapper sous l'influence de la force centrifuge (fig. 81).

L'*entrefer* doit donc être très grand avec les induits lisses, puisqu'il doit comprendre, en outre de l'entrefer mécanique (qui varie de 2 à 5 millimètres suivant la puissance de la machine), l'espace nécessaire pour loger la couche isolante placée à la surface de l'induit (1 à 2 millimètres au-dessous de 500 volts),

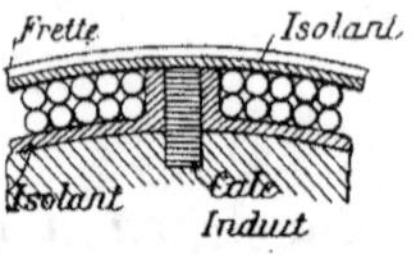

Fig. 81.

les conducteurs (épaisseur variable suivant la puissance de la machine) et les frettes (1,5 à 2 millimètres).

Inconvénients des induits lisses. — Dépense considérable d'excitation par suite de la grandeur de l'entrefer, — courants de Foucault très intenses dans les enroulements, parce que toutes les parties d'un conducteur ne coupent pas, au même instant, le même nombre de lignes de force (fig. 82). Ces courants de Foucault sont d'autant plus intenses que les conducteurs sont plus gros. — Difficulté d'empêcher les conducteurs de glisser sur la surface de l'induit.

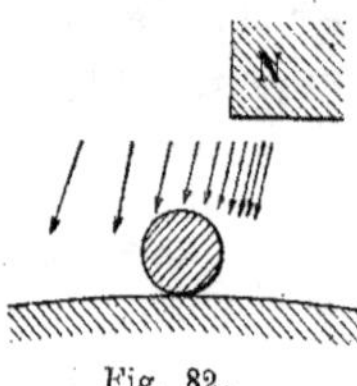

Fig. 82.

Ce sont ces inconvénients qui ont fait abandonner les induits lisses pour les induits dentés.

Induits dentés.

Avec les induits dentés, l'entrefer peut être réduit à l'intervalle mécaniquement nécessaire. Les courants de Foucault dans les conducteurs sont supprimés en majeure partie, ce qui permet l'emploi de fils d'assez gros diamètre; enfin la fixation de ces derniers est beaucoup plus solide, car ils ne sont plus soumis à la force électro-magnétique qui, on le sait, est dans ce cas appliquée au fer et, d'autre part, chaque dent forme un coin d'entraînement.

On peut distinguer 3 catégories d'induits dentés :

1° **Les induits à trous** (fig. 83). — Les conducteurs sont alors complètement préservés des courants de Foucault et de la force électro-magnétique, car l'induction à l'intérieur des trous est nulle.

Les trous ont par contre l'inconvénient de donner aux conducteurs

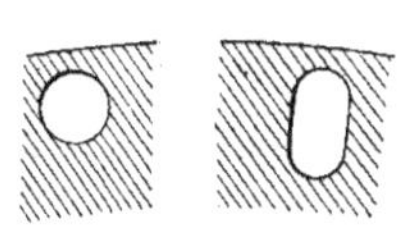

Fig. 83.

une grande self-induction, car le flux produit par le courant circulant dans les boducteurs peut se fermer entièrement dans le fer.

Une grande self-induction des conducteurs de l'induit rendant la commutation difficile, les induits à trous ne conviennent donc pas pour les machines à courant continu.

2° **Les induits à dents droites ou à rainures ouvertes** (fig. 84). — Ce dispositif est actuellement le seul employé pour les machines à courant continu. Il a surtout pour avantage de permettre de placer sans difficulté dans les rainures des bobines faites d'avance sur gabarit. La self-induction des conducteurs induits est bien moins forte que dans le cas précédent, mais par contre, l'induction à l'intérieur des rainures n'est pas nulle; elle peut même

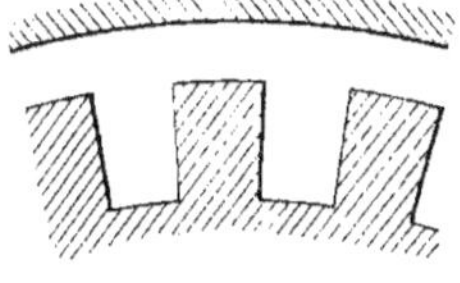

Fig. 84.

être très importante si les dents sont saturées. On ne peut donc pas, dans la crainte de courants de Foucault exagérés, employer des conducteurs trop massifs.

Calcul de l'induction dans une rainure ouverte. — Soient $\mathfrak{B}_1$ l'induction dans la dent, $\mathfrak{B}_2$ l'induction dans la rainure, e la valeur de l'entrefer et h la hauteur d'une dent.

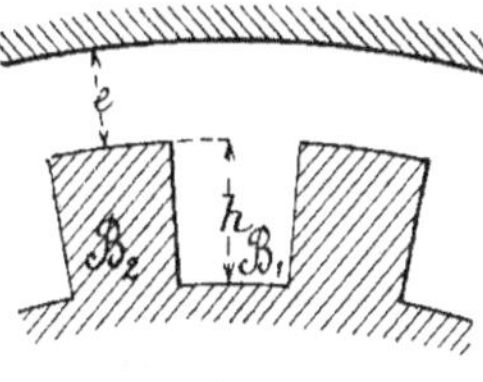

Fig. 85.

En passant de la surface polaire à la surface du fond des dents, la chûte de potentiel magnétique étant la même pour le flux traversant la dent que pour celui passant par la rainure, on pourra écrire :

$$\mathfrak{B}_1 (h + e) = \mathfrak{B}_2 e + \frac{4\pi}{10} n_1 I h.$$

n_1 I étant le nombre d'ampères-tours par centimètres produisant l'induction $\underline{\mathfrak{B}}_2$ dans le fer.

Si le fer n'est pas saturé, c'est-à-dire pour $\mathfrak{B}_2$ inférieur à 16.000 Gauss environ, le terme $\dfrac{4\pi}{10}\,n_1 I h$ est négligeable, d'où

$$\mathfrak{B}_1\,(h+e) = \mathfrak{B}_2\,e$$

et

$$\mathfrak{B}_1 = \mathfrak{B}_2\,\frac{e}{h+e}.$$

Ainsi si l'on fait $h = e$, $\mathfrak{B}_1 = \dfrac{1}{2}\,\mathfrak{B}_2$, l'induction dans la rainure n'est plus dans ce cas négligeable, et, par suite, des courants de Foucault assez intenses peuvent prendre naissance dans les conducteurs, si ceux-ci sont un peu gros.

En pratique, pour que avec de gros conducteurs les courants de Foucault soient négligeables, dans le cas des encoches ouvertes, il faut que la hauteur des dents soit au moins égale à 4 ou 5 fois l'épaisseur de l'entrefer.

Courants de Foucault produits par les dents dans les pièces polaires des inducteurs. — L'induction étant plus forte vers les dents que vers les rainures, le déplacement des dents fait donc varier l'induction dans les pièces polaires, et produit par suite des courants de Foucault dans ces pièces. La variation de l'induction dans les pièces polaires peut avoir une fréquence assez considérable, si le nombre des dents est assez grand. Si, en effet, n est le nombre des dents de l'induit, et N le nombre de tours par seconde de celui-ci, en une

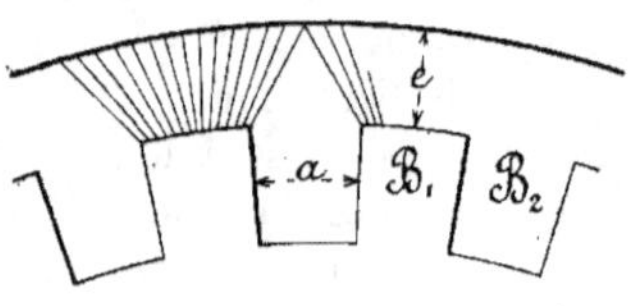

Fig. 86.

seconde, il passe devant un point quelconque d'un pôle inducteur nN dents, par suite la fréquence des variations de l'induction dans les pièces polaires est égale à nN. Les courants de Foucault, étant proportionnels au carré de la fréquence, peuvent donc être importants. Seulement, si la fréquence des variations de l'induction est toujours assez considérable, l'amplitude de ces variations peut être très faible. Cette amplitude dépend de la différence existant entre l'induction dans les dents $\mathfrak{B}_1$ et l'induction dans les rainures $\mathfrak{B}_2$. En pratique cependant, le flux à l'extrémité de chaque dent s'épanouissant comme le montre la figure 86, l'amplitude des variations de l'induction dépend surtout des valeurs relatives de e (épaisseur de l'entrefer) et a (largeur d'une rainure).

L'expérience montre qu'en général, lorsque l'on a $e \geqq \dfrac{a}{2}$, l'amplitude des variations de l'induction est pratiquement nulle et que par suite, les courants de Foucault dans les pièces polaires sont négligeables. Dans le cas contraire, les courants de Foucault peuvent être importants, ce qui obligera de feuilleter les pièces polaires.

3° **Les induits à encoches repercées ou à rainures partiellement ouvertes** (fig. 87). — Ces induits tiennent le milieu entre les deux premiers. La self induction des conducteurs est plus forte que dans

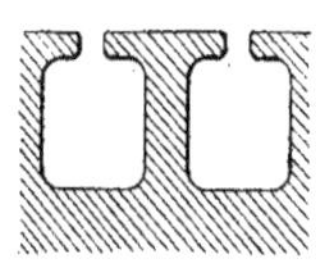

Fig. 87.

le cas des induits à encoches complètement ouvertes, mais bien plus faible que pour les induits à trous. Les courants de Foucault dans les conducteurs sont en général dans ce cas toujours négligeables, même si les dents sont saturées, à condition que celles-ci aient une épaisseur suffisante. Il en est de même des courants de Foucault dans les pièces polaires, quelle que soit la valeur de l'entrefer. Il est possible avec ces induits d'employer des bobines faites d'avance sur gabarit, mais bien moins facilement que dans le cas des encoches complètement ouvertes, car on est alors obligé d'introduire les fils un par un par la fente de l'encoche.

Les encoches à demi fermées donnant aux conducteurs de l'induit une trop grande self induction, nuisible pour la commutation, ne sont, à cause de cela, presque jamais utilisées pour les dynamos à courant continu.

Actuellement, ce sont les induits avec encoches complètement ouvertes qui sont presque toujours employés pour les dynamos à courant continu.

Disposition des conducteurs dans les rainures. — Suivant les cas et suivant les constructeurs, le mode de disposition des conducteurs dans les rainures varie beaucoup. La figure 88 donne quelques unes des dispositions classiques.

L'*isolation* de l'enroulement doit être plus ou moins forte, suivant la tension de la machine.

Cette isolation se fait en général de deux façons différentes :

1° On isole avec soin les rainures avec du presspahn, du papier, de

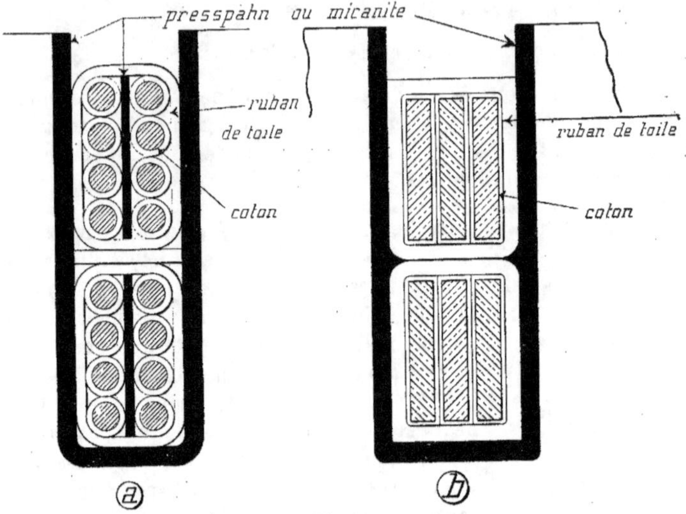

Fig. 88.

la toile huilée ou avec un vernis isolant (rarement avec du mica ou de la micanite), et l'on place ensuite les conducteurs enroulés d'un ruban ou simplement guipés avec en général deux couches de coton.

2° On n'isole pas les rainures, ou plutôt on ne les garnit que d'une mince feuille de presspahn ou de papier, et l'on introduit les bobines faites d'avance sur gabarit et isolées soigneusement avant leur mise en place.

Le premier mode d'isolation convient pour le cas où le bobinage est fait à la main, c'est-à-dire sans gabarit, les conducteurs étant introduits un par un dans les rainures comme dans le cas des encoches partiellement ouvertes. Le second mode d'isolation est employé avec les bobines faites d'avance sur gabarit. Il est bien meilleur que le premier car, avant la mise en place de la bobine, on peut s'assurer de son bon isolement, ainsi qu'on le verra dans la suite.

Les isolants ont l'inconvénient de prendre dans les rainures une bonne partie de la place disponible, ce qui oblige à réduire la section du cuivre et par suite l'intensité que peut débiter la machine. L'influence de l'isolant est surtout importante dans le cas des petites ma-

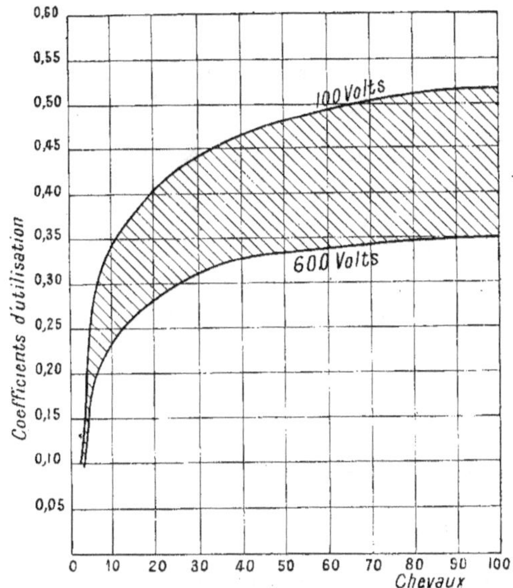

Fig. 89. — Coefficient d'utilisation de rainures pour tensions de 100 volts (courbe supérieure) à 600 volts (courbe inférieure).

chines à haute tension car l'isolant peut prendre alors une place beaucoup plus grande que le cuivre. La puissance de la machine se trouve ainsi fortement réduite, comparativement à une machine semblable fonctionnant à basse tension (fig. 89).

On appelle *coefficient de remplissage ou d'utilisation de la rainure*, le rapport de la section du cuivre logé dans une rainure à la section totale de celle-ci.

Ce coefficient dépend surtout de la tension, de la vitesse et de la puissance de la machine ; il dépend aussi de la forme des rainures de la forme des conducteurs (fils, barres ou câbles) et des isolants employés.

La figure 89 représente deux courbes données par M. Hobart (1), entre lesquelles (surface hachurée) se trouvent les coefficients d'utilisation pour des moteurs de 1 à 100 HP et de 100 à 600 volts.

Fixation des conducteurs sur l'induit.

Pour éviter que les conducteurs ne s'échappent de l'induit sous l'action de la force centrifuge, ils peuvent y être fixés soit au moyen de frettes, soit (dans le cas des induits à rainures) au moyen de clavettes.

Fixation par frettage. — Le frettage est formé en enroulant sur la surface cylindrique de l'induit un fil fortement tendu, à qui l'on fait faire plusieurs spires que l'on soude entre elles en plusieurs points. Cette soudure se fait ordinairement, en ayant soin d'interposer auparavant sous les fils, une bande de laiton très mince que l'on recourbe sur eux pour qu'elle puisse former agrafe (fig. 90 et 91).

La largeur d'une frette, lorsqu'elle se trouve placée dans un champ

Fig. 90.

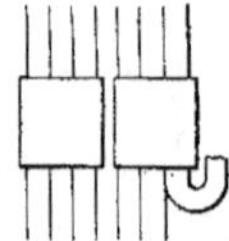

Fig. 91.

magnétique, ne doit pas dépasser 16 à 20 milimètres pour éviter la production des courants de Foucault trop intenses.

Les frettes doivent être soigneusement isolées de l'induit. Pour cela, les fils destinés à les former sont placés sur une bande de presspahn, de micanite ou même de mica, suivant la tension.

Les fils employés doivent avoir une très grande résistance mécanique. Ils sont ordinairement en acier ou en bronze. Leur charge de rupture varie en général de 4.000 à 8.000 kilogrammes par centimètre carré.

Calcul des frettes. — Il est difficile d'évaluer exactement l'effort que les frettes doivent supporter.

---

(1) Voir le remarquable ouvrage de M. Hobart sur les Moteurs Electriques.

Soit f la force centrifuge agissant sur un conducteur. On admet que, les conducteurs étant uniformément répartis sur la surface de l'induit, l'effort tangentiel qui agit sur les frettes, en A par exemple, est dû à la résultante des forces f suivant la tangente en A (fig. 92).

Si on l'appelle :

> F l'effort tangentiel agissant sur les frettes,
>
> p la pression sur [l'induit dû aux forces f supposées uniformément réparties;
>
> d le diamètre de l'induit,
>
> l la longueur d'un des conducteurs suivant l'axe de l'induit,

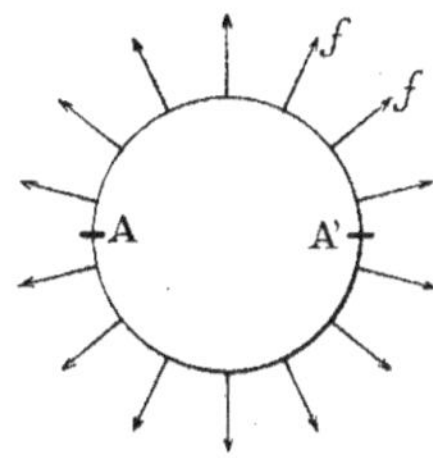

Fig. 92.

on aura :

$$F = \frac{1}{2} pdl.$$

On divise par 2 pour tenir compte de l'effort semblable agissant au point opposé A'.

Si n est le nombre des conducteurs de l'induit

$$p = \frac{nf}{\pi dl}$$

d'autre part, la force centrifuge agissant sur chaque conducteur

$$f = \frac{mv^2}{\dfrac{d}{2}},$$

v étant la vitesse tangentielle.

d'où :

$$f = \frac{ls\delta}{g\,1.000} \frac{v^2}{\dfrac{d}{2}} \text{ kilogrammes,}$$

s étant la section d'un des conducteurs et δ sa densité.

Finalement, on obtient :

$$F = \frac{\delta}{1.000 \times g} \frac{nsl}{\pi d}.$$

F sera donné en kilogrammes, pour l, d en cm., g en cm. sec. sec., et s en centimètres carrés.

Comme la densité du cuivre est 8,9, on aura :

$$F = \frac{nsl}{3.400\,d}\,v^2 \text{ kilogrammes.}$$

Si R est la charge pratique que peuvent supporter les fils des frettes et S la section *totale* de ces fils

$$S = \frac{F}{R}$$

EXEMPLE (Donné par M. Arnold).
Soit :

$$v = 20 \text{ mètres par seconde,}$$
$$l = 40 \text{ centimètres,}$$
$$n = 200,$$
$$d = 52 \text{ centimètres,}$$
$$s = 35 \text{ millimètres carrés.}$$

On aura :

$$F = \frac{200 \times 35 \times 40}{3.400 \times 52} \times 20^2 = 630 \text{ kilogrammes.}$$

En prenant du fil de bronze et en admettant 10 comme coefficient de sécurité, on aura R = 700 kilogrammes.
d'où :

$$S = \frac{630}{700} = 0^{\text{cm}2},9 = 90 \text{ millimètres carrés.}$$

Avec du fil de $1^{\text{mm}},2$ de diamètre, le nombre des fils sera

$$\frac{90}{1,13} = 80,$$

Ce qui correspond à environ 6 frettes de 13 fils chacune.
Largeur d'une frette

$$13 \times 1,2 = 15^{\text{mm}},6.$$

Fixation par clavettes. — Dans le cas des rainures partiellement ouvertes, on fixe au-dessus des conducteurs, pour les maintenir dans les rainures, une clavette ordinairement en fibre ou en bois (fig. 93).

Dans le cas des encoches complètement ouvertes, on pratique à l'extrémité des dents de petites entailles pour pouvoir loger des clavettes en fibre ou en bois (fig. 94).

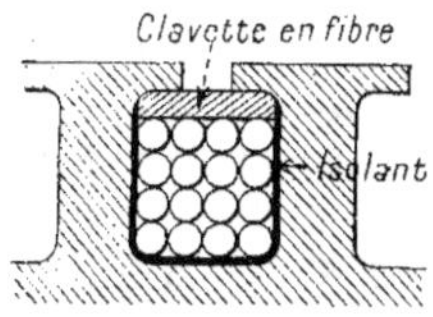

Fig. 93.

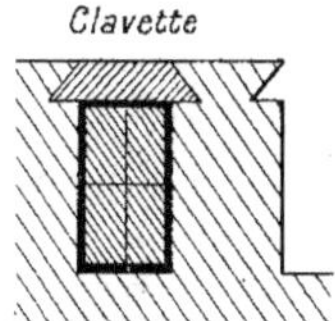

Fig. 94.

Pour *les dynamos à grande vitesse* ou *turbo-dynamos*, les clavettes sont exclusivement employées, car les frettes deviendraient trop importantes et difficiles à placer sur l'induit. Les conducteurs inactifs, c'est-à-dire ceux qui sont en dehors des tôles, sont alors recouverts de chaque côté de l'induit par une capote massive en bronze qui les préserve des effets de la force centrifuge.

Modes de liaison des conducteurs entre eux.

Les liaisons entre les conducteurs périphériques de l'induit peuvent être :

1° soit *des développantes de cercles*, placées de chaque côté de l'induit dans des plans perpendiculaires à l'axe (fig. 95).

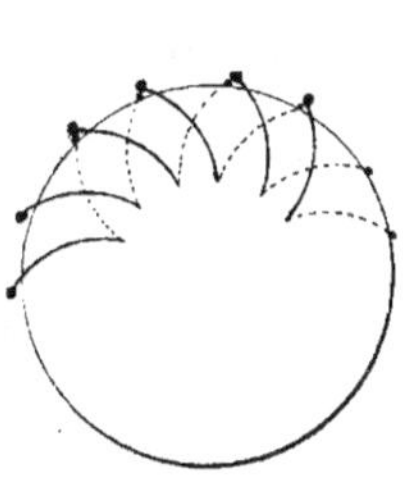

Fig. 95.

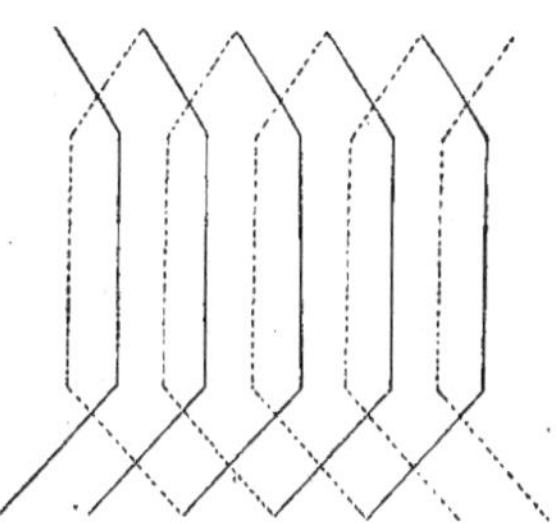

Fig. 96.

Une fois l'enroulement terminé, les conducteurs en traits pleins sont seuls visibles, les conducteurs en traits pointillés étant placés sous les premiers. On a alors les connexions dites *frontales*.

2° soit *des hélices*, les conducteurs reposant sur deux cylindres placés dans le prolongement de l'induit. On peut comprendre facilement la disposition de ces liaisons en faisant sur une feuille de papier un schéma d'enroulement, tel que celui de la fig. 96 et en recourbant ensuite la feuille de papier, de manière à former un cylindre ayant son axe dirigé dans le sens des conducteurs.

3° Les surfaces formées par les connexions peuvent être également coniques.

Ce mode de liaison porte souvent le nom d'enroulement *en manteau*.

Le mode de liaison avec développantes de cercle, qui est surtout employé dans le cas des induits de grand diamètre et lorsque les conducteurs sont formés avec des barres de cuivre, permet de réduire sensiblement la longueur totale de l'induit.

Enroulement avec barres.

Dans le cas des grandes intensités, nécessitant pour les conducteurs d'assez fortes sections, on emploie avec avantage des barres de cuivre de préférence aux fils. Les barres peuvent, en effet, se plier et s'isoler plus facilement, et permettent d'obtenir un coefficient d'utilisation plus grand.

Les barres coupées à la longueur voulue et convenablement isolées avec du ruban de toile ou avec une deux ou trois couches de fils de coton, sont enfilées une par une dans les encoches de l'induit, où l'on a eu soin de placer auparavant un isolant (du presspahn ordinairement) ainsi qu'il a été dit.

Ces barres sont ensuite tordues d'un angle convenable, pour être amenées au contact de celles avec lesquelles elles doivent être reliées. Dans le cas des induits à encoches complètement ouvertes, ces barres sont toutes tordues d'avance sur gabarit et sont placées ensuite dans les rainures soigneusement isolées auparavant.

On soude toutes les barres qui doivent être reliées ensemble. Ces soudures doivent être faites avec le plus grand soin, car la résistance des induits à barres étant toujours excessivement faible ($< 0,001$ ohm en général), s'il existe entre les barres des mauvais contact, dûs à des soudures défectueuse, la résistance de l'induit peut être augmentée sensiblement, et par suite aussi les pertes par effet Joule. D'autre part, étant données les intensités toujours assez considérables pour lesquelles ces induits sont faits, il peut se dégager aux mauvais contacts, par suite de l'effet Joule, une quantité de chaleur suffisante pour amener la fusion des soudures et par suite la mise hors service momentanée de la machine.

Ces soudures sont faites, en général, de la façon suivante. Les extrémités des barres, préalablement étamées, sont amenées en contact (l'une au-dessus de l'autre dans le cas du mode de liaison par hélice) ; on entoure ensuite les extrémités des deux barres d'un mince ruban de cuivre étamé et l'on soude à la résine.

Le plus souvent, dans le but de réduire les soudures au mini-

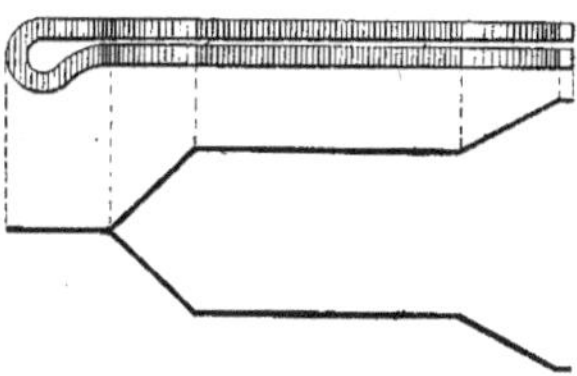

Fig. 97.

mum, on emploie des barres qui sont tordues comme l'indique la fig. 97. Une même barre forme alors une section complète, et toutes les soudures d'un côté de l'induit (côté du connecteur), sont ainsi supprimées. Les diverses sections ainsi constituées sont reliées entre elles et aux lames du collecteur comme on l'indiquera en parlant des branches du collecteur.

Enroulement avec bobines,

Les bobines peuvent être faites, soit *à la main*, directement sur la machine, soit moulées d'avance *sur gabarit*. Elles portent alors souvent, dans ce dernier cas, le nom de *bobines de forme*.

Le bobinage sur gabarit présente les avantages suivants :

Il est plus rapide.

Il nécessite moins de main-d'œuvre.

Il permet de faire à l'avance des bobines de rechange, ce qui facilite et accélère surtout beaucoup les réparations, avantage très précieux dans le cas de machines qui, par suite du service très dur qu'elles ont à fournir, sont sujettes à de fréquentes réparations de bobinage, comme les moteurs de tramways par exemple.

Il procure aux bobines un isolement meilleur et pouvant être bien plus soigné.

Il donne des bobines semblables dont les spires ont les mêmes longueurs et occupent sur l'induit des positions identiques, ce qui est avantageux pour obtenir une bonne commutation.

A cause de tous ces avantages, le bobinage sur gabarit est actuellement presque exclusivement employé par tous les constructeurs. Le bobinage à la main n'est plus guère utilisé maintenant, que pour les petits induits bipolaires, et encore fait-on assez souvent pour ces induits des bobines sur gabarit.

Différentes sortes de gabarits. — On distingue principalement :

1° *Les gabarits extensibles*, qui s'emploient pour les fils de petit diamètre ne dépassant pas 35/10.

2° *Les gabarits à forme définitive*, qui sont en général un peu plus compliqués.

Dans les deux cas, on emploie des moules en bois formés de plusieurs pièces mobiles. Sur ces moules, on enroule les fils destinés à former les bobines. Lorsque plusieurs fils doivent être reliés en parallèle, on les enroule en même temps pour qu'ils occupent des positions bien semblables, afin d'éviter les courants de circulation. Avec les gabarits extensibles, pour donner à la bobine sa forme convenable, on doit manœuvrer certaines pièces du gabarit ; avec les seconds types de gabarits, la bobine prend sa forme définitive sans manœuvres par simple enroulement. Pour le démoulage, on démonte une partie du gabarit.

Formation des bobines. — On emploie pour faire les bobines des fils ronds, carrés, méplats ou des barres. Avec des fils méplats, on obtient des bobines bien régulières et un bon coefficient d'utilisation des rainures ; aussi ces fils sont-ils souvent adoptés. Les câbles sont très rarement employés, car la bobine n'aurait pas une rigidité suffisante et le coefficient d'utilisation serait mauvais.

Quelquefois, avant le bobinage, on fait passer les fils dans un bain de cire ou de paraffine, pour qu'ils puissent glisser les uns sur les autres sans abîmer l'isolant. Cette précaution, qui est employée assez rarement dans le cas des bobines faites sur gabarit, est indispensable lorsque l'on doit enfiler les fils à la main, comme il est fait dans les encoches fermées ou à moitié ouvertes.

Pendant le bobinage, il faut toujours tendre le fil pour éviter la formation de boucles de petit rayon appelées « *coques* ». Outre que ces boucles sont difficiles à défaire, elles forment sur le conducteur des points faibles, car celui-ci casse souvent plus tard à ces endroits.

On plie les fils convenablement sur le gabarit, au moyen de coins en bois, dont les arêtes sont polies et sur lesquels on frappe à petits coups de marteau. Il faut avoir bien soin pendant le bobinage de ne pas écorcher l'isolant qui entoure les conducteurs.

Isolation des bobines. — La bobine, une fois formée, est trempée dans un bain isolant chaud (gomme laque, vernis au bitume, vernis sterling, etc.). Elle est ensuite séchée à l'étuve pendant 12 à 24 heures. Cette durée peut être réduite de beaucoup en faisant le vide dans l'étuve, ce qui rend également la dessication plus parfaite. On enroule ensuite, tout autour de la bobine, un ruban de toile isolante, puis on retrempe la bobine dans un bain de vernis et on la repasse à l'étuve.

Essai des bobines. — Pour essayer dans une bobine l'isolement des spires entre elles, on place la bobine autour du noyau d'un transformateur monophasé (fig. 98). On envoie alors dans l'enroulement

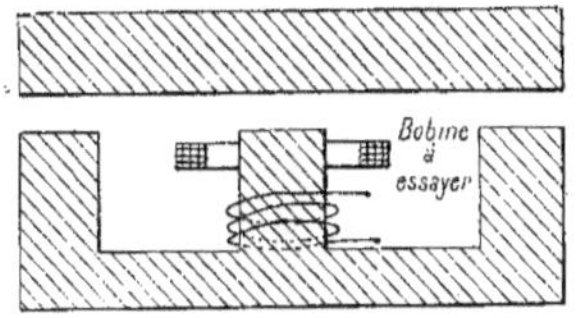

Fig. 98.

du transformateur un courant alternatif de grande fréquence, de façon que la tension entre les fils d'entrée et de sortie de la bobine soit environ 4 à 5 fois supérieure à la tension maxima pouvant exister entre ces deux fils pendant la marche normale de la dynamo pour laquelle est faite la bobine.

Si la bobine possède un défaut d'isolement, elle présentera un échauffement anormal.

On peut placer sur le noyau du transformateur un second enroulement, et fermer celui-ci sur un voltmètre. Lorsque la bobine n'a pas de défaut d'isolement, la tension indiquée par ce voltmètre doit rester la même avec ou sans la bobine. S'il existe un défaut d'isolement, le courant qui circule alors dans la bobine détermine une chute de tension qui pourra être assez importante, si l'on a soin de soulever la culasse du transformateur pour créer un entrefer, comme l'indique la figure 98.

La bobine doit être essayée chaude, sortant de l'étuve.

Mise en place des bobines sur l'induit. — Une fois les bobines formées et essayées, on les place sur l'induit. Comme une bobine doit avoir l'un de ses côtés au fond d'une rainure et l'autre par dessus le côté d'une autre bobine (fig. 99), on commence par placer, pour

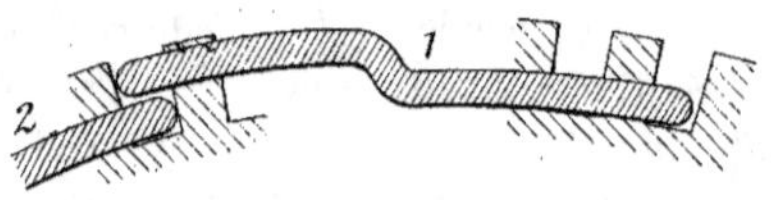

Fig. 99.

toutes les bobines, les côtés qui doivent aller au fond des rainures et l'on ramène ensuite les seconds côtés dans les encoches.

Pour éviter la détérioration des isolants et pour accélérer la mise en place des bobines, il faut que celles-ci entrent facilement dans les rainures. On doit donc prévoir dans la largeur de la bobine, en plus de l'épaisseur de l'isolant, un jeu de chaque côté de $\frac{2}{10}$ de millimètre au moins.

Vérification de l'isolement des induits terminés. — Une fois l'induit terminé, il importe de vérifier :

1° L'isolement de l'enroulement par rapport à la masse.

2° L'isolement des spires entre elles.

La première vérification se fait en appliquant entre l'enroulement et la masse une tension alternative assez élevée. Cette tension est en général, en valeur efficace, cinq fois supérieure à la tension normale de l'induit, avec un minimum d'au moins 1.000 volts efficaces.

S'il y a un défaut d'isolement, la tension d'essai baisse et il passe dans l'induit une certaine intensité. Afin de pouvoir reconnaître l'emplacement du défaut, le plus simple est de faire monter l'intensité jusqu'à ce que la chaleur dégagée au défaut soit suffisante pour être remarquée facilement, soit au toucher, soit par la fumée ou l'odeur dégagée. Pour éviter que, dans le cas d'un défaut, une intensité trop considérable ne vienne à passer dans tout l'enroulement induit, il faut avoir soin, avant l'essai, de mettre toutes les lames du collecteur en court-circuit par un fil de cuivre.

La seconde vérification est ordinairement inutile avec les bobines faites sur gabarit, car elle a déjà été effectuée avant la mise en place des bobines, ainsi qu'on l'a dit. Si toutefois pendant le montage une bobine a été détériorée, il existera presque toujours en même temps qu'un défaut d'isolement entre spires, un défaut d'isolement avec la masse et la première vérification suffira à dévoiler ces défauts.

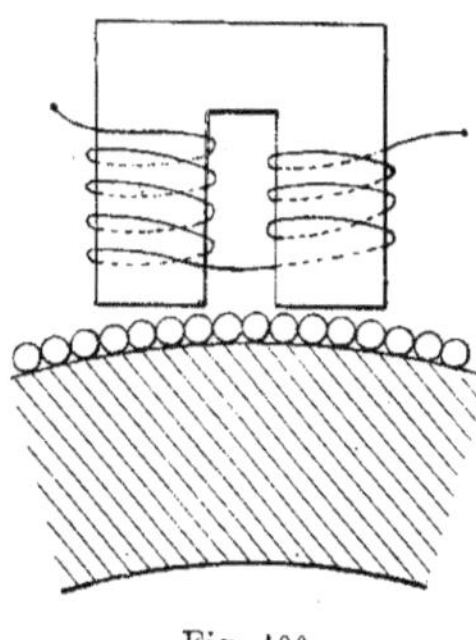

Fig. 100.

Lorsque l'induit a été enroulé à la main, la seconde vérification devient nécessaire, car il peut exister entre deux spires un défaut d'isolement, sans que pour cela l'isolement de l'enroulement par rapport à la masse soit défectueux.

Pour reconnaître sur un induit terminé un défaut d'isolement entre spires, on emploie généralement les deux méthodes suivantes :

1° On envoie dans l'induit un courant alternatif aussi intense que possible, et l'on mesure avec un voltmètre sensible la tension entre chaque section de l'induit. La tension devra être la même partout s'il n'y a pas de défaut. Si, entre deux lames du collecteur, la tension est plus faible, c'est qu'il y a un court-circuit dans la section correspondante.

2° On fait tourner l'induit à circuit ouvert devant les pôles d'un électro-aimant excité avec du courant alternatif (fig. 100).

S'il y a un défaut d'isolement dans une section, la f. é. m. induite par l'électro-aimant dans cet élément donne naissance à un courant qui fait chauffer la dite section.

Fixation des tôles de l'induit.
Croisillon ou lanterne de l'induit.

Les tôles isolées et empilées doivent être convenablement serrées et fixées sur l'arbre pour former un ensemble bien rigide.

Les tôles sont :

Soit clavétées directement sur l'arbre (induits en tambour de faibles puissances).

Soit fixées sur un croisillon qui lui-même est claveté sur l'arbre (anneau, tambours de moyennes et grandes puissances). Ce croisillon est souvent désigné sous le nom de *lanterne*.

Clavetage direct des tôles sur l'arbre. — Ce mode de fixation des tôles ne peut évidemment être employé que dans le cas du tambour.

Les tôles sont clavetées directement sur l'arbre comme le montre la figure 101.

Si elles ont un petit diamètre (inférieur à 15 centimètres), on les maintient de part et d'autre au moyen de deux joues en fonte arrêtées l'une par un collet de l'arbre, l'autre par un écrou vissé sur l'arbre (fig. 102).

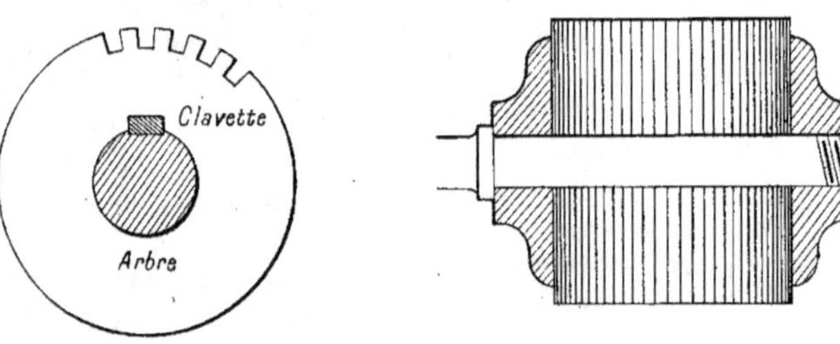

Fig. 101.   Fig. 102.

Si les tôles ont un assez grand diamètre, les joues sont reliée ensemble au moyen de boulons qui les traversent complètement.

Avant de visser à bloc les écrous maintenant les joues, on serre les tôles à la presse hydraulique.

Avec le clavetage direct des tôles sur l'arbre, l'on a à craindre quelques pertes par courants de Foucault dans cet arbre mais, elles sont en général très faibles, car l'induction au centre est peu élevée.

Fixation des tôles sur croisillon. — Le croisillon doit remplir deux fonctions : *entraîner les tôles et les serrer.*

Dans le cas de l'*anneau*, pour éviter qu'un flux de fuite trop important ne passe par l'arbre à l'intérieur de l'anneau, ce qui produirait dans l'enroulement une f. é. m. opposée à la f. é. m. principale,

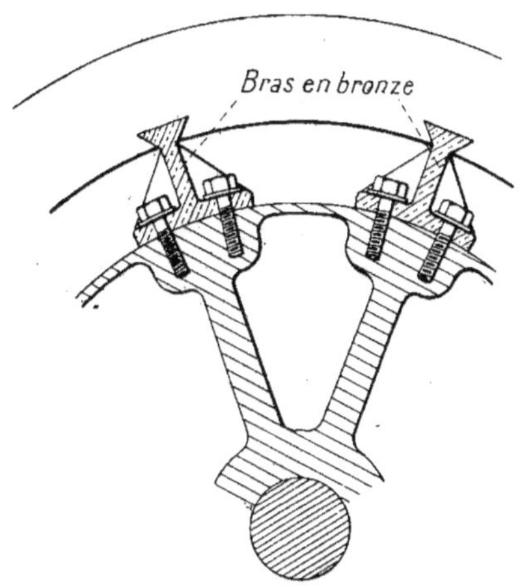

Fig. 103.

il faut en outre que l'arbre soit *isolé magnétiquement* des tôles par le croisillon.

Le croisillon est alors en *bronze*, au lieu d'être en fonte comme pour le tambour.

Si l'induit a un grand diamètre, pour éviter une dépense trop considérable de bronze, comme il suffit d'un espace non magnétique d'une dizaine de centimètres, on peut faire le croisillon en fonte et fixer sur celui-ci des bras en bronze qui serviront à supporter les tôles et à les entraîner (fig. 103).

Entraînement des tôles dans le cas du tambour. — Les tôles peuvent être entraînées par les bras du croisillon de plusieurs manières.

Les fig. 104, 105, 106, 107, indiquent les plus employées à l'heure actuelle.

Dans la fig. 104, les bras pénètrent directement dans les tôles que l'on a mortaisées au préalable.

Dans la fig. 105, les tôles sont clavetées sur les bras.

Fig. 104.   Fig. 105.

Dans la figure 106, les tôles sont maintenues et entraînées par des clavettes en queue d'aronde vissées sur les bras du croisillon. Ces clavettes sont en bronze ou en acier.

Dans la figure 107, les tôles portent des tenons en queue d'aronde

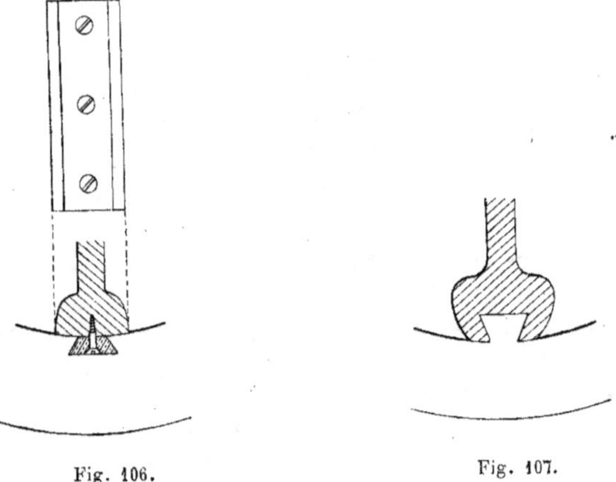

Fig. 106.   Fig. 107.

qui s'engagent dans des mortaises aménagées dans les bras du croisillon.

Les dispositifs des figures 106 et 107 sont surtout employés dans le cas où les tôles étant en plusieurs pièces, il est nécessaire de les maintenir solidement sur le croisillon.

Forme du croisillon. — Le croisillon peut avoir un très grand nombre de formes (1). En général, il présente l'aspect d'une sorte de roue dont les tôles de l'induit forment la jante. Les bras de cette roue présentent des nervures destinées à augmenter la solidité, et aussi à former ventilateur, en envoyant l'air dans les canaux séparant les tôles de l'induit. Lorsque l'induit a une certaine importance, on place deux rangées de bras.

Les bras du croisillon peuvent être calculés très simplement comme des pièces encastrées dans le moyeu et résistant à la torsion dû au couple moteur.

Calage du croisillon sur l'arbre. — Le calage du croisillon sur l'arbre peut être effectué de deux façons.

Ou bien, on peut employer des clavettes comme pour une jante ordinaire. On place ordinairement deux clavettes à 90°. Les clavettes empêchent le croisillon de tourner sur l'arbre, mais ne sont pas suffisantes pour s'opposer au déplacement latéral du croisillon. On arrête en général celui-ci d'un côté par un collet de l'arbre, et de l'autre par un écrou vissé sur l'arbre, comme pour le clavetage direct des tôles sur cet arbre (voir fig. 102).

Ou bien, on peut enfoncer à froid, à la presse hydraulique, l'arbre dans le croisillon, dont le diamètre intérieur du moyeu est très légèrement inférieur au diamètre de l'arbre. Les clavettes peuvent alors être supprimées. Il faut évidemment, dans ce cas, une très grande précision dans le tournage de l'arbre et l'alésage du moyen. Ce procédé tend actuellement à être très employé, car il permet de simplifier le travail de l'arbre en supprimant en particulier les filetages qui sont assez coûteux (le déplacement latéral de l'arbre n'est pas à craindre) et de plus l'entraînement du croisillon par l'arbre se faisant par simple adhérence, si un effort brusque et considérable vient à se produire, le croisillon peut tourner sur cet arbre et préserver l'induit d'une importante détérioration.

Organes de serrage des tôles. — Comme pour le cas où les tôles sont clavetées sur l'arbre, le serrage des tôles est effectué par deux joues réunies en général par des boulons. Ces joues sont ordinaire-

---

(1) Le lecteur pourra sa reporter aux ouvrages bien connus et déjá cités de MM. Arnold et Hobart pour avoir plus de détails sur ce sujet.

ment en fonte, ou bien en acier, dans le cas de très grandes vitesses. Elles doivent, lorsque cela est nécessaire, être munies de couronnes

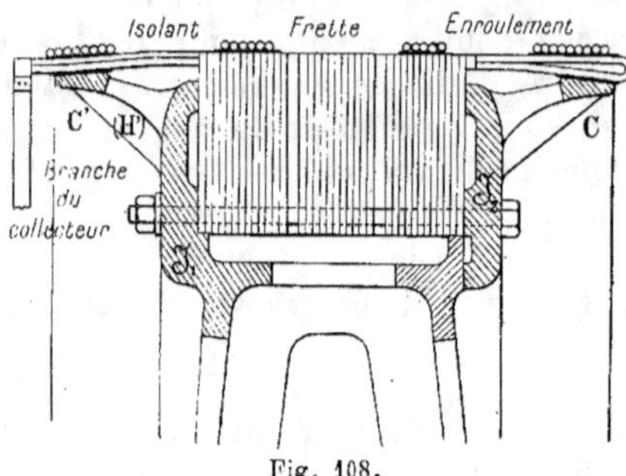

Fig. 108.

comme C et C' (fig. 108 et 109) destinées à supporter les conducteurs qui sont en dehors des tôles.

Les joues, et surtout les couronnes supportant les conducteurs,

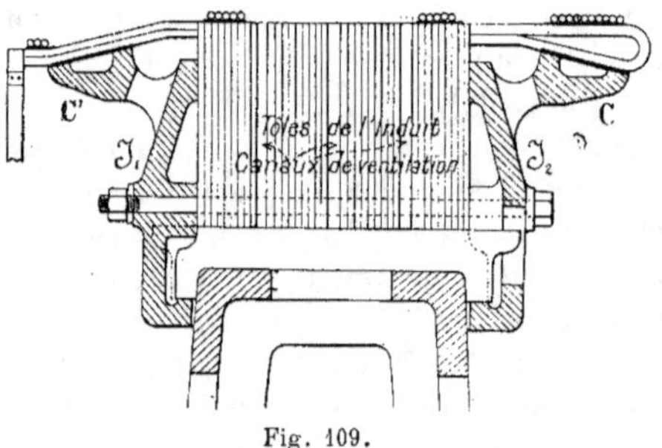

Fig. 109.

doivent être prises aussi peu massives que possible pour les raisons suivantes :

1° Pour que leur poids soit diminué ;

2° Pour que des dérivations trop grandes du flux inducteur ne se produisent pas dans ces joues ;

3° Pour qu'elles ne soient pas le siège de courants de Foucault trop considérables.

4° Pour que la self-induction des conducteurs induits qui reposent sur ces joues, lorsqu'ils sont en dehors des tôles, ne soit pas trop forte.

Les joues sont munies de fortes nervures, destinées à leur donner de la rigidité.

Dans le cas de petites machines, on peut les faire en bronze pour éviter les inconvénients précédents.

Pour de petites et moyennes puissances, une des joues J_1 (fig. 108) est en général venue de fonte avec le croisillon.

Pour les grandes machines les deux joues J_1 et J_2 sont ordinairement indépendantes du croisillon (fig. 109).

Parfois le croisillon est fait en deux parties, chaque partie possédant une joue venue de fonte avec elle et des bras qui s'engagent entre les bras de la partie opposée. Ces deux parties, qui sont calées chacune sur l'arbre comme un croisillon ordinaire, sont réunies entre elles par des boulons qui assurent en même temps le serrage des tôles.

Boulons de serrage des tôles. — Presque jamais les boulons de serrage ne sont mis au milieu des tôles, parce qu'il faudrait les isoler pour éviter des courants de Foucault trop intenses. Afin que l'induc-

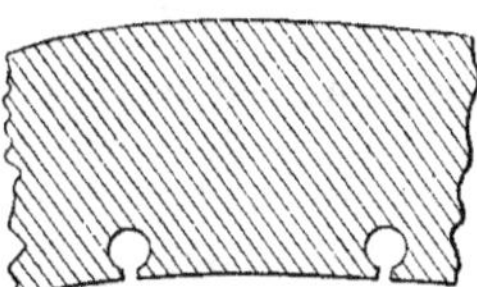

Fig. 110.

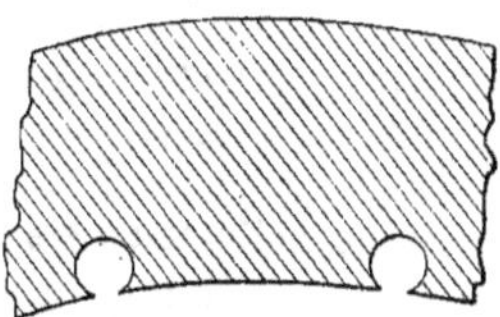

Fig. 111.

tion dans les boulons soit très faible, ceux-ci doivent, autant que possible, être placés près de la circonférence intérieure des disques de tôle.

Les figures 110, 110 et 112 montrent comment sont placés les

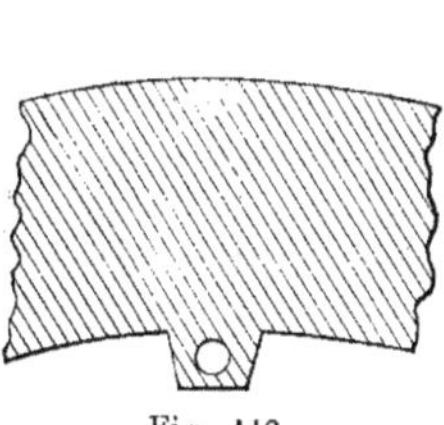

Fig. 112.

Fig. 113.

trous des boulons dans les tôles, lorsque les boulons traversent celles-ci. Parfois les boulons sont disposés en dehors des tôles, afin que le flux coupé par eux soit aussi faible que possible.

Dans quelques machines les boulons servent à la fois au serrage et à l'entraînement des tôles (fig. 113). On dit dans ce cas, que les boulons sont entre cuir et chair.

COLLECTEUR

Le collecteur constitue un organe délicat. Il doit être fait avec des matières de première qualité, et sa construction demande à être particulièrement soignée. Il importe surtout qu'il soit assez bien établi au point de vue mécanique pour supprimer toute éventualité de déformation.

Le collecteur a la forme d'un cylindre. Quelquefois cependant, mais très rarement, on lui a donné la forme d'un disque, dans quelques machines Thury à très haute tension en particulier.

Depuis quelques années, pour les dynamos à très grande vitesse commandées par turbines à vapeur, la Société Westinghouse emploie, avec succès, un collecteur formé de plusieurs disques, afin d'éviter que les trépidations, qui ne se produisent pas dans le sens longitudinal, ne nuisent au bon contact des balais sur le collecteur.

Lames du collecteur. — Elles doivent être bien homogènes et s'user lentement, d'une façon régulière. Le cuivre rouge dur est seul employé, le bronze doit être rejeté à cause des soufflures possibles.

Les lames sont obtenues avec leur section en trapèze par la presse, ou, surtout actuellement, par la filière à froid qui permet de produire directement avec une très grande précision ces lames avec la forme voulue.

Épaisseur minima des lames à la surface du collecteur : 3, 5 à 4 millimètres.

Au dessous de cette épaisseur, les lames sont trop facilement déformables.

Épaisseur maxima des lames à la surface du collecteur : 15 à 20 millimètres.

Pour des épaisseurs plus grandes, on aurait dans les lames des courants de Foucault trop intenses. L'intensité dans une lame ne doit pas dépasser 250 à 300 ampères.

Lorsque l'on doit établir une dynamo devant débiter des courants très intenses, pour ne pas avoir une intensité trop grande dans les lames, on peut :

Ou bien connecter un même conducteur de l'induit à plusieurs lames du collecteur,

Ou bien employer un enroulement en parallèle multiple,

Ou bien augmenter le nombre des pôles, et par suite le nombre des lignes de balais.

Isolant à employer entre les lames. — Autrefois on employait comme isolant entre lames, le carton, le presspahn, le carton d'amiante, etc. Ces substances sont actuellement complètement abandonnées, car on leur reproche d'abord d'être perméables à l'huile et à l'humidité, ce qui peut déterminer des défaut d'isolement, et ensuite surtout, de ne pouvoir jamais être assez comprimées pour qu'il soit possible de rendre le collecteur absolument indéformable.

Le mica, et dans certain cas la micanite, sont à l'heure actuelle les seuls isolants employés. Ils ne présentent pas les inconvénients que l'on vient de signaler.

Le mica doit être bien pur, exempt de traces métalliques qui pourraient le rendre conducteur. Il doit être *tendre pour pouvoir s'user aussi vite que le cuivre des lames.* Si le mica était trop dur, après quelques temps de fonctionnement de la dynamo, il finirait par dépasser les lames de cuivre, ce qui aurait pour effet de faire vibrer les balais et de déterminer des étincelles. Le mica ambré du Canada est sous ce rapport un des meilleurs et des plus employés,

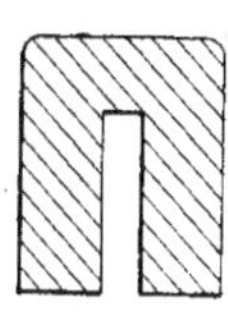

Fig. 114.

L'épaisseur des lames de mica doit être bien régulière ; on la vérifie avec un calibre (fig. 114).

Cette épaisseur dépend de la tension de fonctionnement de la machine ; on lui donne en général les valeurs suivantes :

TENSION DE L'INDUIT	ÉPAISSEUR DU MICA
Au-dessous de 250 volts	$0^{mm},5$ à $0^{mm},8$
— 1.000 —	$0^{mm},6$ à 1^{mm}
— 2.000 —	1 à $1^{mm},2$

Pour les grands collecteurs, les lamelles de mica d'une seule

pièce devenant trop coûteuses, on emploie de la micanite formée de lamelles de mica agglutinées ensemble. L'agglutinant ne doit pas couler, même avec une température pouvant atteindre 200°.

Montage du collecteur. Mise en place des branches du collecteur. — Les lames qui ont en général la forme de la figure 115 sont d'abord fendues à une extrémité, pour que l'on puisse placer les bandes en cuivre destinées à relier chaque lame à l'enroulement et former ce que l'on appelle les *branches du collecteur*. Ces bandes de connexions sont soudées ou brasées aux lames dudit collecteur,

Assemblage provisoire des lames. — On assemble ensuite les lames de façon à former un cylindre creux, en ayant soin de placer les lamelles de mica ou de micanite pour isoler

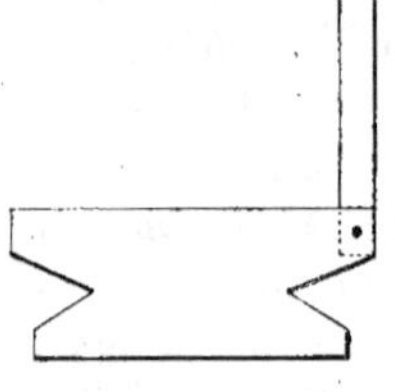

Fig. 115.

les lames entre elles. Une fois le cylindre formé, les lames sont maintenues provisoirement par quelques spires de fil de fer. Pour les grands collecteurs, on emploie pour cela un collier en deux pièces réunies par des vis.

Serrage des lames. — Les lames doivent être serrées entre elles très fortement et avec une très grande uniformité, afin que le collecteur ne puisse pas se déformer après quelque temps de fonctionnement.

Pour les collecteurs de petit diamètre, ce serrage est obtenu en plaçant extérieurement au collecteur un fort collier d'acier que l'on

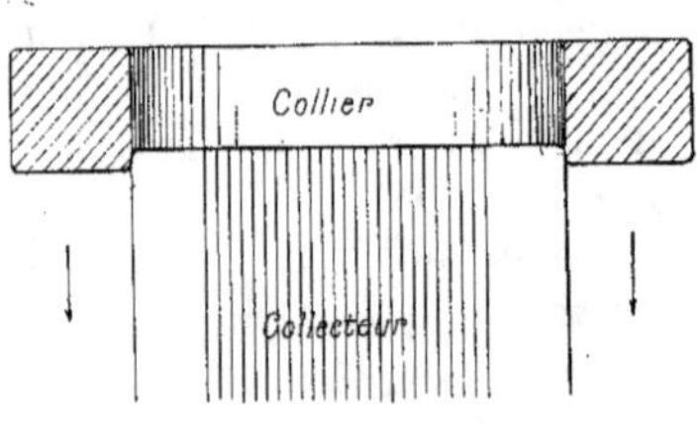

Fig. 116.

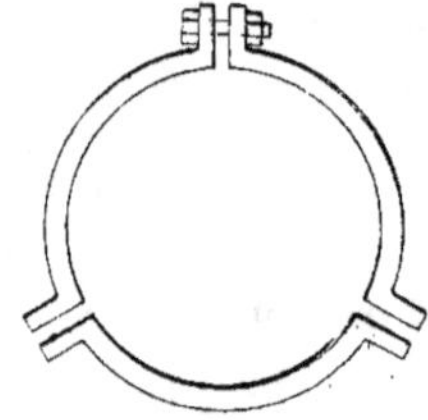

Fig. 117.

enfonce à la presse hydraulique. Pour faciliter l'introduction du collier, on chanfreine légèrement l'extrémité des lames (fig. 116). Le collier n'occupe pas toute la largeur du collecteur, on peut donc le tourner en partie avant de le monter définitivement sur sa douille.

Lorsque le diamètre du collecteur dépasse 50 centimètres environ, on emploie un collier en plusieurs pièces (fig. 117).

Pour les très grands collecteurs, le serrage se fait au moyen de deux colliers. L'un de ces colliers est ordinairement en une seule pièce ; il est placé extérieurement et porte une ou deux rangées de boulons filetés, suivant la largeur du collecteur (fig. 118).

Les extrémités de ces boulons appuient sur les éléments consti-

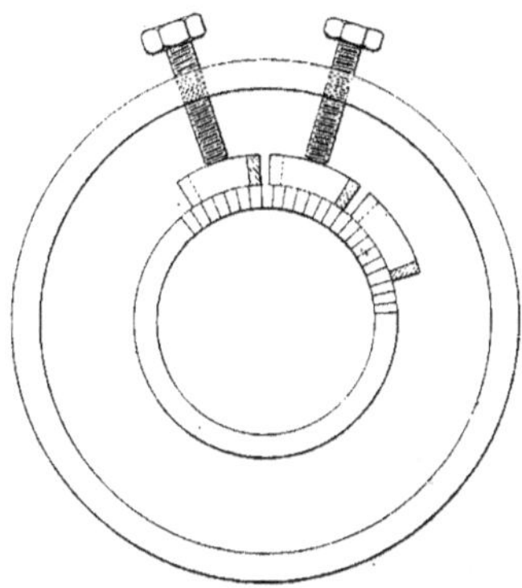

Fig. 118.

tuant le second collier, qui enserre le collecteur. On peut, en tournant ces boulons, déterminer un serrage, énergique des lames du collecteur.

Il faut, pendant cette opération, porter plusieur fois le collecteur à une température assez élevée qui doit être au moins de 200° et que certains constructeurs élèvent à près de 500°. Dans ce cas, les branches du collecteur doivent être brasées, et non soudées aux lames. Après chaque chauffage, une fois le collecteur refroidi, on le resserre à bloc. Avec un tel mode de serrage, le collecteur est absolument indéformable quel que soit l'échauffement qu'il pourra prendre ensuite pendant le fonctionnement de la dynamo, échauffement qui sera toujours bien inférieur à celui auquel on l'a soumis pendant le serrage.

Premier tournage du collecteur. — Le collecteur, convenablement serré, est placé sur le tour, toujours muni de son collier de serrage. On tourne alors la surface externe du collecteur non recouverte par le collier ; le diamètre du collecteur étant ainsi diminué, le collier pourra être enlevé plus facilement lorsque le collecteur aura été fixé sur sa douille. On tourne également les deux gorges coniques dans lesquelles on fera entrer les plateaux de serrage, formant la douille du collecteur.

Une fois tourné, le collecteur est monté sur sa douille.

Douille ou lanterne du collecteur. — On désigne par douille ou lanterne du collecteur la partie de l'induit sur laquelle sont fixées les lames du collecteur. Elle est ordinairement en fonte, et quelquefois en bronze pour les collecteurs de petit diamètre. Dans le cas de machines à grande vitesse (turbo-dynamos), on emploie l'acier moulé. Ses formes sont assez variées (voir l'ouvrage précité d'Arnold sur la construction des dynamos à courant continu).

Une douille de collecteur se compose presque toujours de deux plateaux dont l'un est, ou claveté sur l'arbre, ou fixé par des boulons à la lanterne de l'induit, et dont l'autre peut être relié au premier en serrant énergiquement le collecteur au moyen de boulons et d'écrous.

Isolement du collecteur par rapport à la douille. — On emploie pour isoler le collecteur de sa douille des couronnes en micanite d'une seule pièce et ayant la forme de la figure 119 qui représente une vue en coupe.

Ces couronnes sont placées dans les gorges du collecteur. Elles

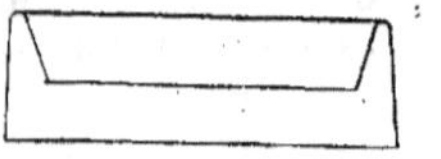

Fig. 119.

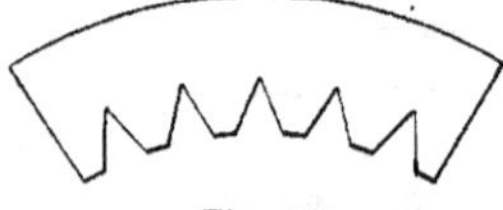

Fig. 120.

sont formées avec des feuilles de micanite découpées suivant la figure 120. Ces feuilles sont collées ensemble avec de la gomme laque, ou un vernis spécial puis on les dispose dans un moule formé de deux couronnes C_1 et C_2 représentées en coupe (fig. 121).

Les feuilles de micanite sont placées entre ces deux couronnes après que l'on a eu soin de relever les parties découpées de façon à donner aux feuilles de micanite la forme voulue. On serre ensuite for-

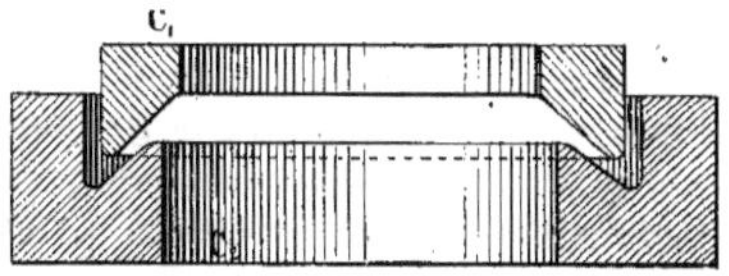

Fig. 121.

tement les deux couronnes à la presse hydraulique, et on les maintient ainsi réunies par un collier à vis. Le moule est enfin placé dans un four pendant une demi-heure. Après refroidissement, on défait le moule, et l'on sort une couronne de micanite très rigide et ayant la forme désirée.

Montage du collecteur sur sa douille. — On met d'abord une couronne de micanite sur le plateau qui doit être fixé à la lanterne de l'induit, on place ensuite sur ce plateau le cylindre formé par les lames du collecteur et l'on engage dans la seconde gorge du collecteur le plateau de serrage garni de sa couronne de micanite. On serre les deux plateaux avec la presse hydraulique puis l'on serre les boulons qui relient ces deux plateaux. On porte enfin l'ensemble dans une étuve et, après refroidissement, on resserre encore les boulons.

Les couronnes isolantes doivent dépasser d'au moins 5 à 10 millimètres les lames du collecteur. La partie qui déborde à l'extérieur est maintenue par une tresse en ficelle vernie.

Le collecteur étant fixé rigidement à sa douille, on enlève le collier qui avait servi à serrer et à maintenir les lames.

La surface extérieure du collecteur est enfin tournée avec une très grande précison.

Il est bon de resserrer et de retourner encore une fois le collecteur après l'avoir échauffé le plus possible en faisant marcher la dynamo en surcharge pendant plusieurs heures. Si la dynamo est trop puissante pour pouvoir être surchargée facilement, on la fait marcher en court-circuit.

Essai de l'isolement du collecteur. — Le collecteur une fois terminé, il faut essayer son isolement :

1° Entre deux lames consécutives ;

2° Entre toutes les lames et la douille.

Dans les deux cas, l'isolement est essayé avec une tension alternative bien supérieure à celle que les isolants devront supporter en marche normale.

Entre lames, la tension d'essai ne dépasse pas 250 volts en général.

Entre les lames et la douille, la tension d'essai est ordinairement au moins cinq fois et souvent dix fois plus grande que la tension de fonctionnement de la machine, avec un minimum de 1.500 à 2.000 volts efficaces. Pour faire cet essai, on réunit toutes les lames en court circuit par un fil de cuivre.

Branches du collecteur.

Les connexions qui relient l'enroulement de l'indùit aux lames du collecteur sont soudées et rivées aux lames, ainsi qu'on l'a déjà dit. Très rarement et seulement dans les anciennes machines, dans le but de faciliter le démontage, ces connexions sont fixées au collecteur par des vis ; on a alors à craindre de mauvais contacts.

Ces connexions ne constituant qu'une très faible partie de l'enroulement et n'étant parcourues par le courant que périodiquement et pendant un temps très court, peuvent supporter une densité de courant assez élevée sans augmentation sensible de la résistance totale de l'induit ni échauffement dangereux.

Dans le cas des moyennes et des grandes intensités, ces connexions

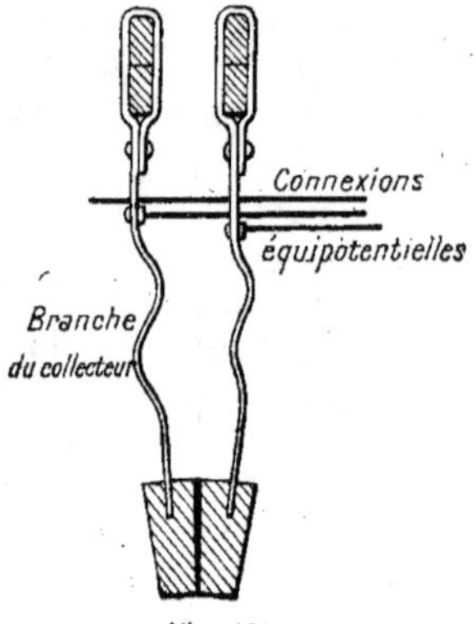

Fig. 122.

sont formées par des bandes de cuivre soudées d'une part aux lames du collecteur et de l'autre aux barres ou aux fils de l'enroulement comme le montre la figure 122.

Il est bon, pour réduire les vibrations aux soudures, d'onduler légèrement les bandes en leur milieu.

Les connexions équipotentielles sont en général fixées à ces bandes et disposées en arrière entre celles-ci et l'induit.

Collecteurs des dynamos à grande vitesse
ou turbo-dynamos.

Les dynamos à très grande vitesse, commandées par turbines à vapeur, donnent lieu à des difficultés de construction considérables. Aussi, même actuellement, n'existe-t-il encore que bien peu d'usines possédant assez d'expérience pour établir des turbo-dynamos capables de fonctionner d'une façon satisfaisante et surtout sous de fortes puissances. Les difficultés augmentent évidemment avec la puissance, et l'on ne peut guère dépasser pour le moment 1.500 kilowatts.

A cause du faible diamètre de l'induit et du nombre de pôles forcément limité à 2, 4, ou 6 au maximum, la réaction d'induit est très forte et la commutation difficile. On est alors obligé d'employer des inducteurs spéciaux, avec pôles de commutation et enroulements de compensation, dont nous parlerons plus loin en terminant l'étude de l'inducteur.

Le collecteur des turbo-dynamos est particulièrement difficile à établir et constitue l'organe le plus délicat de ces machines. Par suite du nombre réduit des pôles inducteurs, l'intensité à recueillir par ligne de balais peut être très considérable, surtout si la puissance est élevée, ce qui oblige à donner au collecteur une longueur relativement très grande. Il faut alors assurer la parfaite rigidité des lames et tenir compte de leur dilatation.

D'autre part, la vitesse tangentielle du collecteur, qui pour les machines ordinaires varie de 10 à 20 mètres, dépasse largement avec les turbo-dynamos 20 mètres et peut même atteindre 45 à 50 mètres par seconde. Les lames, dans ce cas, doivent être maintenues au moyen de solides frettes en acier que l'on place au rouge sombre sur des couronnes en micanite, destinées à les isoler du collecteur.

La figure 123 représente un type de collecteur qui est construit par la plupart des grandes usines de construction (Brown Boveri, Société d'Électricité A. E. G., Siemens, etc.).

La très grande vitesse de rotation détermine des trépidations qui

tendent à faire sautiller les balais et à produire des étincelles. C'est
pour éviter cet inconvénient que la Société Westinghouse emploie,
comme nous l'avons dit au début, un collecteur radial, les balais

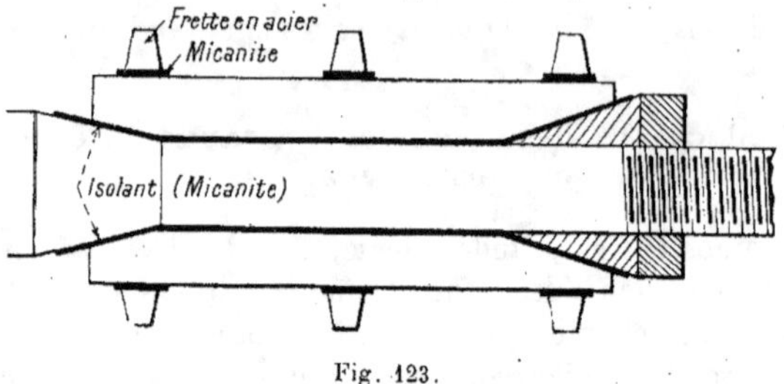

Fig. 123.

frottant sur plusieurs disques verticaux formés par les lames du collecteur.

Autrefois, pour assurer un bon contact entre le collecteur et les
balais, on se servait de balais métalliques, mais on est revenu actuellement aux balais en charbon. Ceux-ci doivent être très tendres pour
éviter une usure trop grande du collecteur, très légers et maintenus
sur le collecteur avec une assez forte pression pour qu'ils puissent
uivre les trépidations et rester bien en contact avec la surface du
collecteur.

En employant des balais et des porte-balais convenables, les constructeurs sont arrivés à réduire beaucoup l'usure des balais et du
collecteur qui était considérable autrefois et constituait le principal
inconvénient des turbo-dynamos. Les bons constructeurs donnent
même, actuellement, pour les collecteurs
de leurs turbo-dynamos les mêmes ga-
ranties d'usure et de bon fonctionnement
que pour ceux des dynamos ordinaires.

Le refroidissement des collecteurs à
grande vitesse est également assez difficile à obtenir. Ces collecteurs ont, en
effet, une tendance à chauffer beaucoup

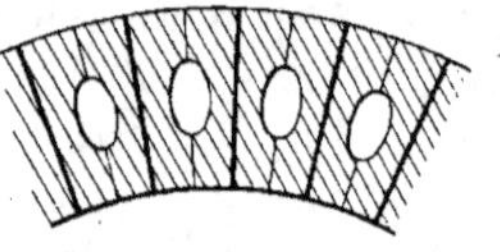

Fig. 124.

par suite des pertes très grandes qui se produisent aux balais, soit
par frottement, soit par effet Joule. La surface de refroidissement
étant d'autre part relativement faible, il est indispensable d'assurer

le refroidissement par une ventilation énergique. Ordinairement, l'air n'est envoyé qu'à la surface du collecteur, mais parfois aussi, comme dans le cas des machines Siemens, les lames sont creuses et la ventilation du collecteur peut s'effectuer à l'intérieur même de celui-ci (fig. 124).

INDUCTEUR

Diverses formes de l'inducteur.

La forme de l'inducteur a une grande importance sur le bon fonctionnement de la machine et sur son prix de revient. Il faut en particulier que les fuites magnétiques soient aussi faibles que possible. Ces fuites sont mesurées par un certain coefficient ν, dit coefficient d'Hopkinson, représentant le facteur par lequel il faut multiplier le flux qui passe dans l'induit pour avoir le flux dans l'inducteur.

Nous allons passer rapidement en revue les formes d'inducteurs les plus connues.

Inducteurs bipolaires. — Les dynamos Gramme (type d'atelier et type supérieur) ainsi que la dynamo Edison, n'ont plus aujourd'hui qu'un intérêt historique. La première machine est actuellement d'une construction trop coûteuse, et dans les deux autres, les fuites magnétiques sont trop importantes.

Le type de la figure 125 n'est plus employé à l'heure actuelle que très

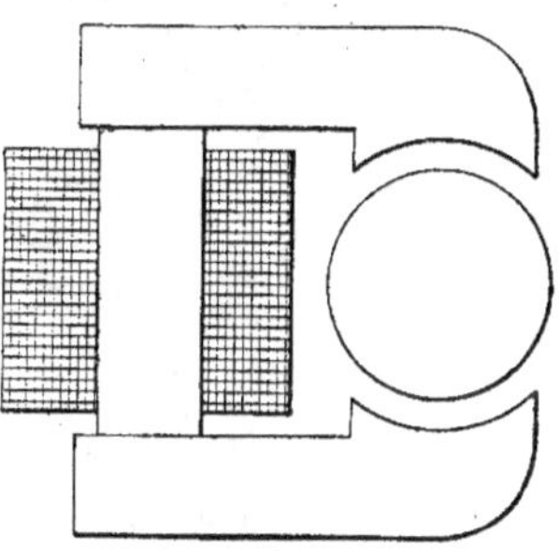

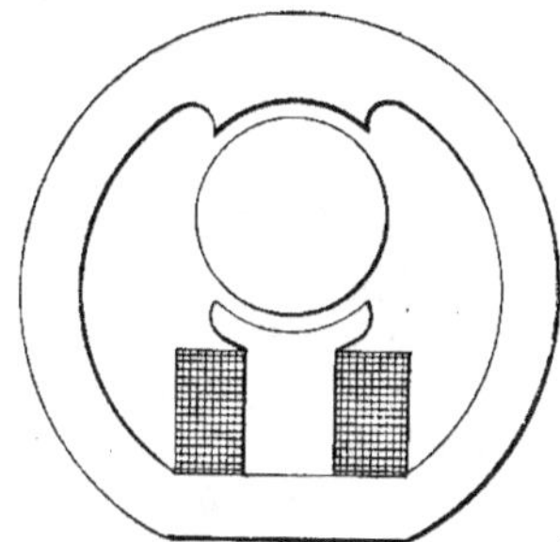

Fig. 125.   Fig. 126.

rarement. Il présente comme principal avantage d'être d'une construction assez simple par suite de l'emploi d'une seule bobine inductrice, mais les fuites magnétiques sont importantes et le flux dans

l'induit n'est pas symétrique. Il en résulte une commutation difficile et une poussée sur l'arbre pouvant faire chauffer les paliers. En
outre, avec une bobine unique, le refroidissement se fait moins bien
qu'avec deux bobines séparées produisant le même flux.

Le type de la figure 126, adopté surtout pour les petits moteurs, a
principalement pour avantage sa simplicité de construction et une
forme assez commode pour l'emploi en moteur, par suite de l'éléva-
tion relative de l'arbre. De plus, le circuit magnétique étant entièrement en tôles, on peut obtenir des machines de puissances différentes
en faisant varier simplement le nombre des tôles, c'est-à-dire la largeur de la machine. On diminue ainsi le nombre des modèles,
puisque les mêmes tôles et les mêmes flasques peuvent servir pour
des machines de différentes puissances.

Avec cette forme d'inducteur, on retrouve par contre tous les inconvénients que l'on a signalés pour l'inducteur de la figure 125. On

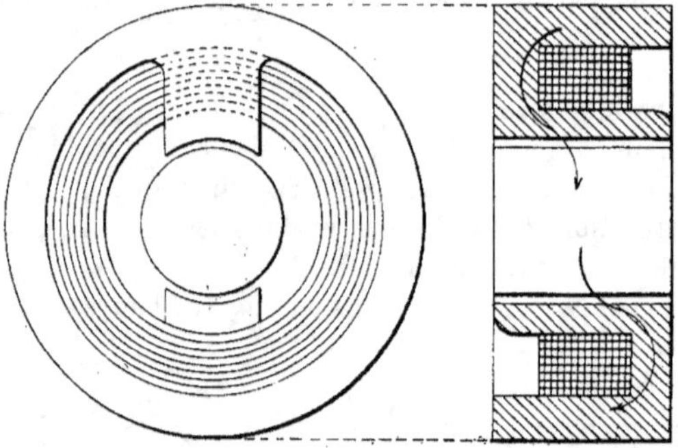

Fig. 127. — Inducteur type de *Lundel*.

peut diminuer un peu la dissymétrie du flux en plaçant une petite
bobine sur la pièce polaire supérieure.

La figure 127 représente un type original et qui a été autrefois
assez répandu : c'est le type de *Lundel*. Cet inducteur, qui est bipolaire,
ne possède qu'une seule bobine d'excitation ayant l'arbre pour axe.

La figure 128 représente une forme classique : le type *Manchester*.
Il est formé, en quelque sorte, de deux inducteurs de la forme donnée
figure 125 accolés ensemble. Le flux est dans ce cas bien symétrique,
mais les fuites magnétiques sont toujours très importantes.

Avec cette forme, le coefficient d'Hopkinson a pour valeur :

$\nu = 1,6$ pour les petites machines.
$\nu = 1,3$ pour les grandes machimes.

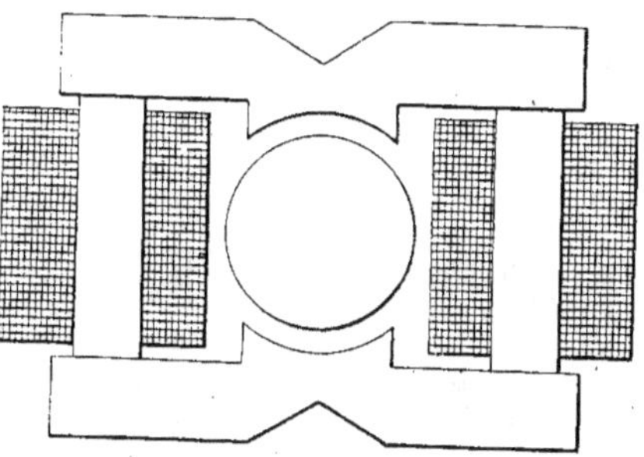

Fig. 123. — Inducteur du type *Manchester*.

Formes actuelles. — Actuellement, presque toutes les formes des machines bipolaires, peuvent se ramener à celles que représentent les figures 129 et 130.

L'inducteur de la figure 129 correspond au type dit *cuirassé* ou

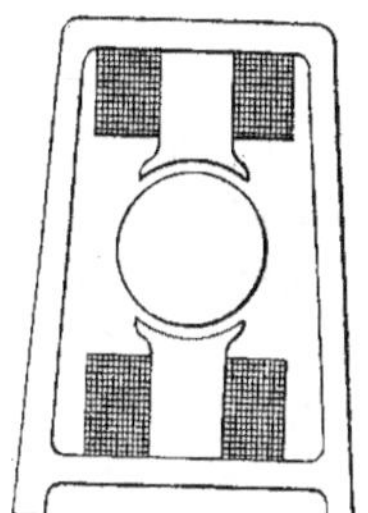

Fig. 129. — Inducteur du type
cuirassé ou *blindé*.

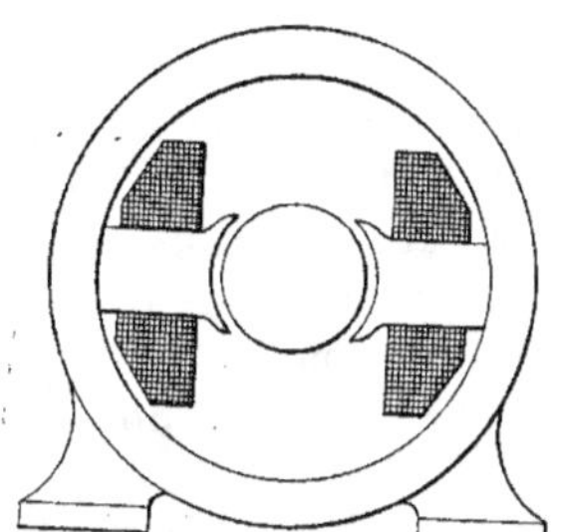

Fig. 130. — Inducteur bipolaire
moderne.

blindé, parce que la machine peut être fermée très facilement pour la mettre à l'abri des poussières.

Dans la fig. 130 les pôles peuvent aussi être placés verticalement. Pour ces deux formes on a sensiblement

$\nu = 1,3$ pour les petites machines,
$\nu = 1,1$ pour les grandes machines.

On remarquera que les bobines d'excitation sont au nombre de
deux et placées aussi près que possible des pièces polaires, afin de
réduire les fuites magnétiques.

Inducteurs multipolaires. — Dans la figure 131 l'inducteur ne possède qu'une seule bobine d'excitation par paire de pôles.

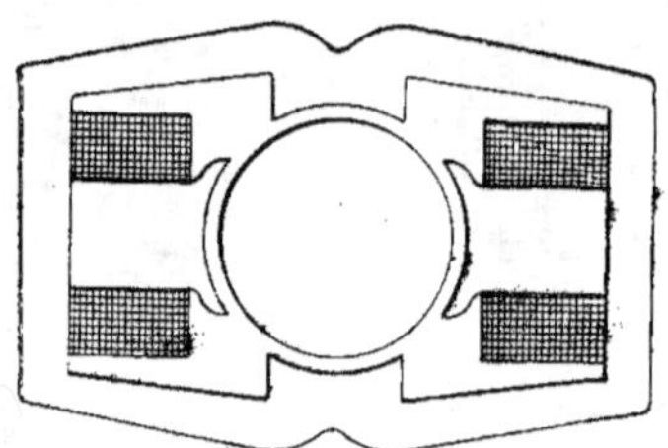

Fig. 131. — Inducteur à pôles conséquents.

Cette disposition est peu encombrante mais les fuites magnétiques
sont assez importantes

$$\nu = 1,5 \text{ à } 1,3,$$

et les inductions ne sont pas les mêmes dans tous les pôles.

Ce type d'inducteur est assez souvent employé pour les excitatrices
calées sur l'arbre des alternateurs ; les bobines sont alors placées
suivant un axe vertical. On l'emploie également parfois pour les
moteurs de traction, lorsque la place est limitée sous la caisse de la
voiture. (Moteurs du chemin de fer de Chamonix.)

La figure 132 représente schématiquement une forme bien connue
due à M. Thury. Les différentes pièces de l'inducteur sont en fer
forgé. Les bobines ont une grande surface de refroidissement et
sont bien ventilées. Ce type d'inducteur était surtout avantageux
autrefois, avant l'emploi de l'acier coulé, car le fer forgé ayant une
perméabilité bien plus grande que la fonte, on pouvait en l'adop-
tant rendre moins importantes les bobines inductrices et réduire
le poids de l'inducteur. Par contre, la dépense de main d'œuvre est
assez importante pour forger les différentes pièces, et surtout les
ajuster de façon que les joints soient aussi parfaits que possible.

Actuellement, avec l'acier coulé, ce type d'inducteur ne présente plus d'avantages, aussi a-t-il été abandonné depuis quelques années.

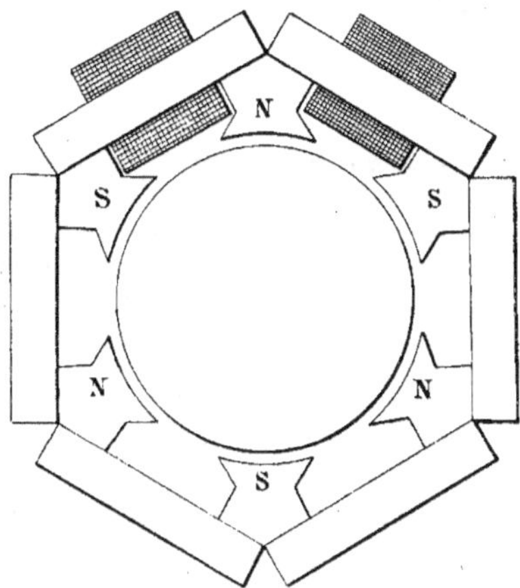

Fig. 132. — Inducteur multipolaire type *Thury*.

Forme actuelle des inducteurs multipolaires. — Actuellement, la forme des inducteurs multipolaires est sensiblement choisie la même

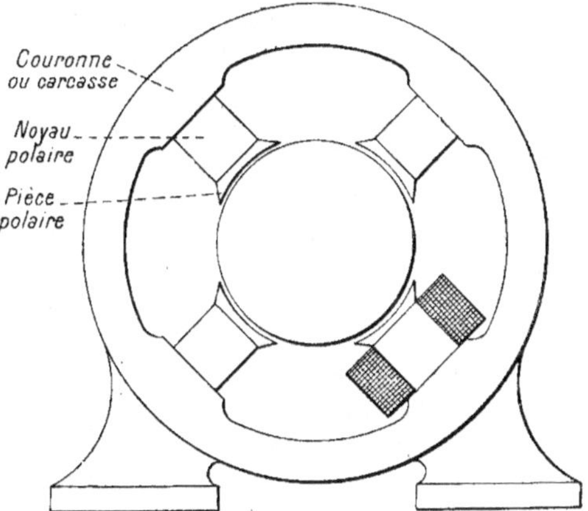

Fig. 133. — Inducteur multipolaire type à *pôles radiaux*.

pour tous les constructeurs; c'est celle de la figure 133 qui est dite à *pôles radiaux*.

Les pôles, dans le cas d'une dynamo tétrapolaire, peuvent également être placés suivant un axe vertical et un axe horizontal.

Les différentes parties de l'inducteur (couronne ou carcasse, noyaux polaires et pièces polaires) sont indiquées sur la figure 133.

Constitution de l'inducteur. — On peut employer pour établir l'inducteur : l'acier coulé, le fer forgé, la tôle d'acier et la fonte.

Les *noyaux polaires* sont presque toujours faits en matières très perméables (acier coulé, fer fondu ou forgé, tôle), afin de réduire leur section au minimum pour diminuer le poids de cuivre des bobines inductrices.

Les *pièces polaires* peuvent être venues de fonte avec les noyaux polaires ou en être indépendantes. Dans ce dernier cas, pour éviter les courants de Foucault, elles sont, ou bien formées de tôles ou bien simplement faites en fonte, car la faible perméabilité et la faible conductibilité de la fonte s'opposent à la production de courants de Foucault trop intenses.

Pour la *carcasse*, appelée parfois couronne ou culasse, on emploie la fonte ou le fer doux (acier coulé, fer fondu ou forgé), en se basant surtout sur les conditions d'ordre électrique que la machine doit remplir. Certaines conditions de rigidité, de poids, de main d'œuvre, d'aspect extérieur, de délai de livraison, etc., entrent également en jeu.

Conditions d'ordre électrique. — Les deux exemples suivants feront voir suffisamment l'influence de ces conditions sur le choix des matériaux à employer pour la carcasse.

Pour une *dynamo shunt*, devant fonctionner avec des tensions aux bornes très différentes, comme pour la charge des accumulateurs, il faut employer la fonte de préférence au fer doux, afin d'avoir une stabilité plus grande de fonctionnement pour toutes les tensions.

Avec la fonte, en effet, la caractéristique à vide (fig. 134) étant plus inclinée et ayant un coude moins brusque que dans le cas du fer doux, de petites variations d'excitation ne produisent donc pas pour les faibles tensions de trop grandes variations de voltage.

Pour une *dynamo compound*, il faut au contraire employer le *fer doux* et exclure la fonte d'une façon absolue, parce que la fonte possédant une très grande force coercitive met beaucoup plus de temps

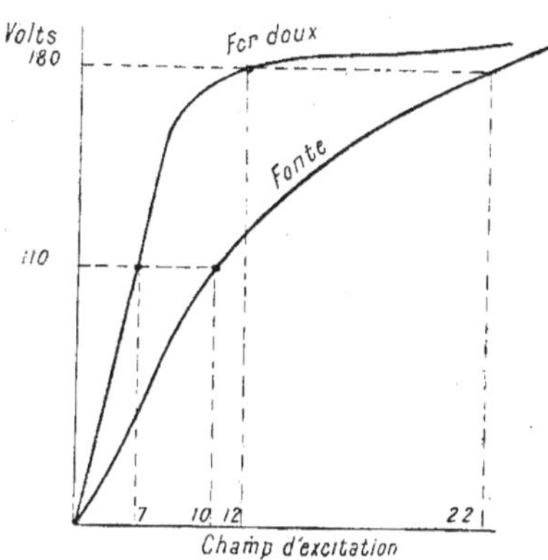

Fig. 131.

que le fer doux pour s'aimanter; le flux inducteur ne peut donc pas suivre les variations rapides de la force magnéto-motrice dûe à l'enroulement série.

Condition de rigidité. — Lorsqu'une dynamo doit avoir un grand diamètre, on pourrait, en employant le fer doux, ne plus avoir pour la carcasse une rigidité suffisante, à moins de donner à celle-ci une section plus grande que celle qui serait nécessaire pour faire passer le flux avec une induction normale. Le fer doux étant plus coûteux que la fonte, pour réduire la dépense, on peut alors avoir intérêt à employer la fonte sans craindre un courant d'excitation exagéré dû à la faible perméabilité de la fonte, puisque la section que l'on est obligé de donner à la carcasse, pour avoir une régidité suffisante, conduit à des inductions très faibles.

Condition de poids. — Si l'on veut faire des machines légères, il faut employer le fer doux qui, plus perméable que la fonte, permet d'obtenir des sections plus petites.

La fonte d'autre part, peut s'obtenir et se travailler à meilleur compte et elle permet souvent de réaliser plus facilement des formes possédant un meilleur aspect extérieur.

Forme des noyaux polaires. — Les noyaux polaires doivent, autant que possible, avoir une section circulaire pour réduire au minimum le cuivre des bobines d'excitation.

La forme circulaire ne peut pas être obtenue pratiquement avec des tôles ; c'est là un inconvénient. Les tôles ne s'emploient d'ailleurs que rarement pour former les noyaux polaires des grandes machines. Ces noyaux sont presque toujours massifs et, si l'on a à craindre des courants de Foucault, on rapporte sur eux des pièces polaires feuilletées.

Forme des pièces polaires. — La forme des pièces polaires varie beaucoup suivant les constructeurs. Elle est déterminée plus ou moins empiriquement, de façon que le flux qui s'échappe des cornes polaires soit tel qu'il facilite la commutation. Nous renverrons sur ce sujet le lecteur à l'ouvrage de M. Arnold, sur la construction des dynamos à courant continu.

Forme de la section de la carcasse. — Les figures 135 et 136 représentent les sections des carcasses en fonte dans le cas de machines de petite et de moyenne puissance.

Avec l'acier coulé, lorsque la machine est un peu grande, la section

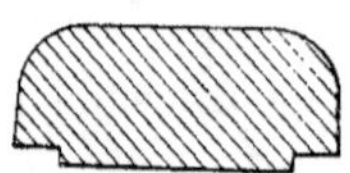

Fig. 135.   Fig. 136.

Section d'une carcasse en fonte (dynamos de petites ou moyennes puissances)

étant assez faible, on est obligé de prévoir de fortes nervures pour augmenter le moment d'inertie (figure 137) et assurer ainsi à la carcasse une rigidité suffisante.

Dans les machines de grand diamètre, afin d'avoir un moment

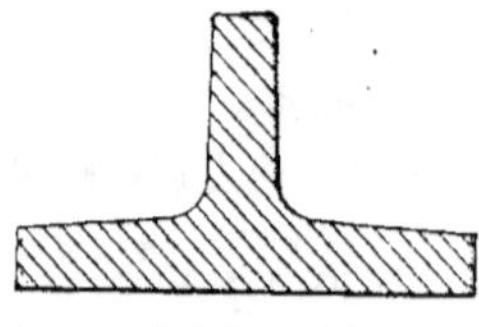

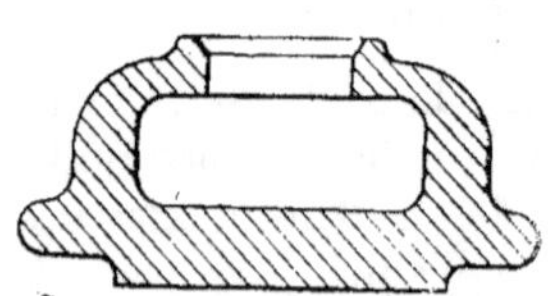

Fig. 137.   Fig. 138.

d'inertie considérable sans une dépense exagérée de matière, la carcasse est creuse comme le représentent les figures 138 et 139.

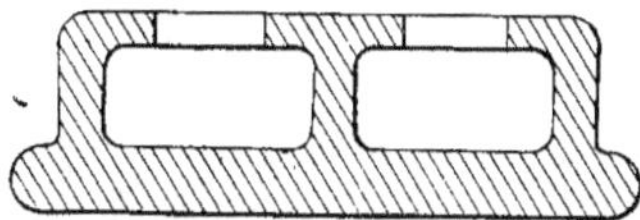

Fig. 139.

Fixation des noyaux polaires sur la carcasse. — Les noyaux polaires sont parfois venus de fonte avec la carcasse, mais on a alors à craindre qu'ils ne présentent des soufflures. Souvent les noyaux sont coulés ou forgés séparément. Dans ce cas ils sont ordinairement fixés à la carcasse par un ou deux boulons.

Avec les noyaux polaires feuilletés, les boulons sont :

Ou bien vissés directement dans les tôles, celles-ci étant maintenues serrées entre elles, pour ne former qu'un seul bloc, au moyen de boulons transversaux rivés à chaque extrémité.

Ou bien vissés à une clavette en fer qui traverse tout le noyau feuilleté (fig. 140).

On peut également fixer les noyaux feuilletés à la carcasse, en les plaçant dans le moule de celle-ci, au moment de sa fusion (fig. 141).

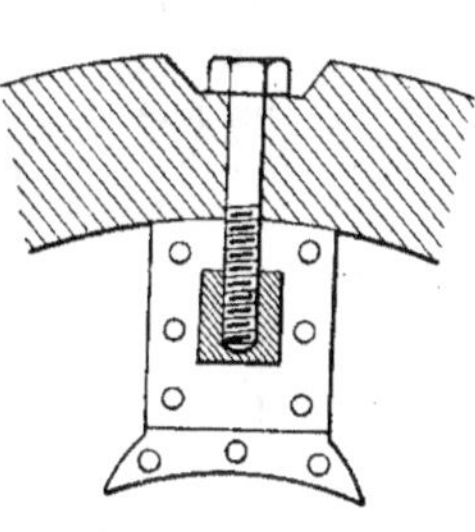

Fig. 140.

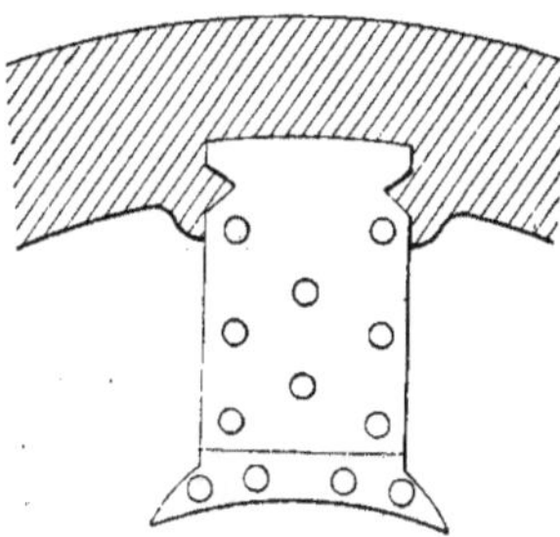

Fig. 141.

Ce procédé, qui est assez employé, donne de bons résultats mais il faut que, dans ce cas, les pièces polaires soient facilement amovibles, pour que l'on puisse placer les bobines inductrices.

Lorsque le noyau polaire est en fer ou en acier doux et la carcasse en fonte, il est indispensable d'augmenter la section de passage du flux du noyau dans la carcasse, pour éviter une saturation exagérée de la fonte près des noyaux polaires produisant une très forte réluctance, donc nécessitant une force magnéto-motrice trop grande.

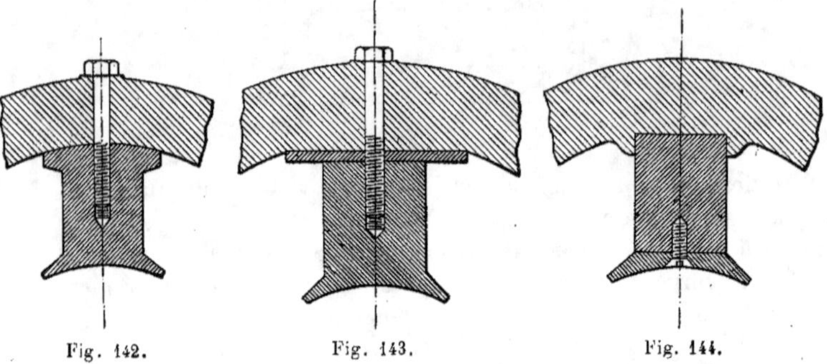

Fig. 142.   Fig. 143.   Fig. 144.

Cette section peut être augmentée en employant les dispositifs des figures 142, 143 et 144.

Dans la figure 143 on a interposé une plaque de fer forgé entre la carcasse et le noyau polaire afin d'épanouir le flux avant son entrée dans la fonte.

Fixation des pièces polaires sur les noyaux. — Lorsqu'elles ne forment pas une seule pièce avec les noyaux, les pièces polaires sont, soit vissées sur le noyau lorsqu'elles sont en fonte ou en tôle (fig. 145), soit fixées de fonte, lorsqu'elles sont feuilletées, en plaçant la pièce polaire dans le moule du noyau avant de couler

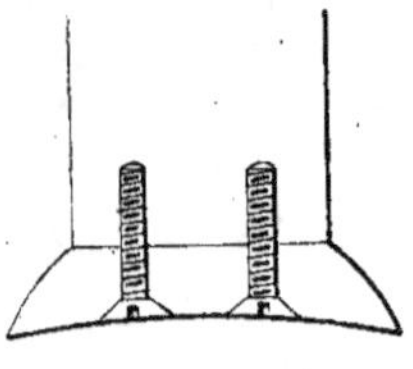

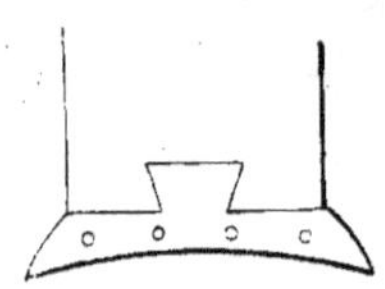

Fig. 145.   Fig. 146.

celui-ci, figure 146. Il faut dans ce cas, bien entendu, pour pouvoir placer les bobines inductrices, que les noyaux soient indépendants de la carcasse.

Bobines d'excitation. — Ainsi qu'on l'a vu, les bobines d'excitation sont actuellement toujours placées sur les noyaux polaires, aussi près que possible de l'induit.

Elles sont faites, soit avec du fil rond isolé ordinairement avec deux couches de coton, soit avec du ruban de cuivre enroulé sur champ, chaque spire étant isolée par une bande de carton ou de presspahn, enroulée en même temps, et chaque couche de spires étant elle-même isolée par une feuille de carton.

L'emploi du cuivre en ruban n'est possible que dans le cas où l'intensité est assez grande car, pour de faibles sections, on a avantage à employer du fil rond, ce qui est ordinairement le cas des dynamos à courant continu excitées en dérivation.

Pour former une bobine, le conducteur est enroulé sur ce qu'on appelle une « *carcasse* » (fig. 147).

La carcasse est soit métallique (ordinairement en zinc ou en tôle

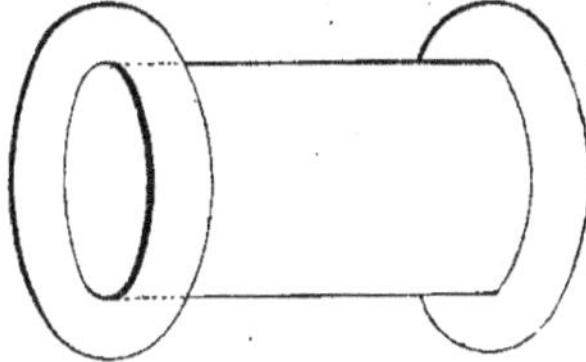

Fig. 147.

avec des joues en zinc, en tôle, en bronze ou en laiton), soit en matières isolantes à base de carton.

Les carcasses métalliques ont l'avantage d'être un peu plus rigides et de transmettre un peu mieux la chaleur de la bobine au noyau, ce qui assure en partie le refroidissement de celle-ci, mais elles doivent être soigneusement revêtues d'un isolant, formé en général de plusieurs couches alternées de papier et de toile.

Très souvent, à l'heure actuelle, on fait les bobines sans carcasse, les conducteurs étant enroulés sur un gabarit en bois et maintenus entre eux par une large ganse qui les entoure.

Dans tous les cas, la bobine est faite au tour, celui-ci étant ordinairement entraîné par un moteur électrique avec transmission à frottement. L'ouvrier peut au moyen d'une pédale, en rapprochant ou en éloignant le galet de friction du plateau, mettre en marche ou arrêter le tour. Il dirige et tend le fil à la main, et redresse le conducteur, ou serre les spires les unes contre les autres au moyen d'une cale en bois ou en fibre. Un compteur de tours lui indique le nombre de spires qu'il a enroulées.

Les extrémités du conducteur sont soudées à un conducteur plus souple et de plus forte section, pour éviter que ces extrémités ne viennent à se casser.

Ventilation des bobines d'excitation. — Actuellement on ménage souvent un canal de ventilation à l'intérieur de la bobine entre deux

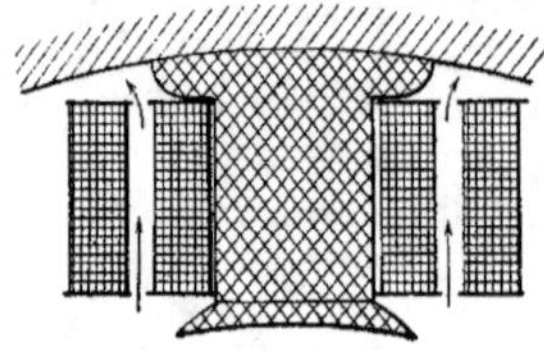

Fig. 148.

couches consécutives (fig. 148). Les joues sont alors perforées comme le représente la figure 149.

Lorsque les bobines sont faites sans carcasse, il est plus commode,

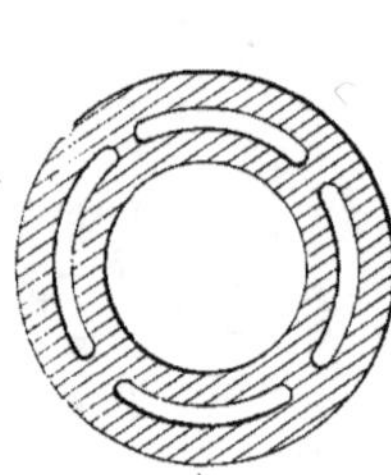

Fig. 149.

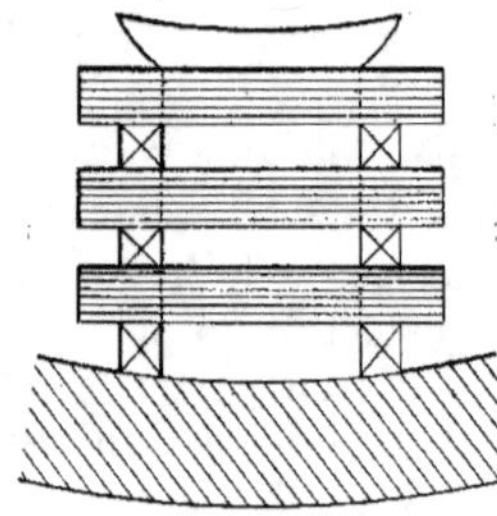

Fig. 150.

pour les refroidir, de les diviser en plusieurs bobines élémentaires séparées par de petites cales isolantes, en bois ou en fibre (fig. 150).

Manière de connecter entre elles les bobines d'excitation. — Les bobines d'excitation doivent, autant que possible, être connectées toutes en série.

Si, en effet, les bobines étaient reliées de façon à former deux circuits en parallèle, comme les représente la figure 151, on aurait à craindre que l'intensité étant plus grande dans un des circuits, il se produise des dissymétries dans les flux. D'autre part, en cas de rupture de l'un des circuits, toute l'attraction magnétique n'existant plus que d'un côté, il pourrait en résulter sur l'arbre un effort dangereux.

Lorsque, pour des raisons spéciales, il est nécessaire de constituer

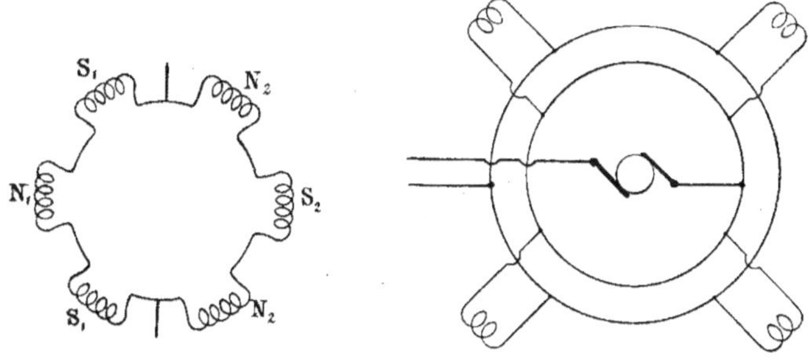

Fig. 151.   Fig. 152.

l'excitation avec deux circuits en parallèle, on monte tous les pôles nord en série et tous les pôles sud en série ; les inconvénients que l'on vient de signaler ne sont évidemment plus à craindre.

Dans le cas de l'excitation *série*, le courant inducteur pouvant être très intense, il est souvent impossible de mettre en série toutes les spires de l'excitation ; on monte alors en parallèle toutes les bobines de l'inducteur en les branchant entre deux cercles de cuivre reliés l'un à un des pôles de la machine et l'autre à l'un des conducteurs de départ (fig. 152). Il faut veiller à ce que l'intensité soit bien la même dans toutes les bobines.

Emplacement de l'enroulement compound. — L'enroulement compound est souvent mis au dessus de l'enroulement en dérivation, très rarement il est placé dessous; le plus souvent il est disposé à côté comme le montre la figure 153. Les bobines se refroidissent mieux dans ce dernier cas, et étant indépendantes, elles sont plus faciles à isoler.

Dans le cas de générateurs compound pour tramways, l'enroulement série étant toujours placé sur le pôle qui est mis à la terre

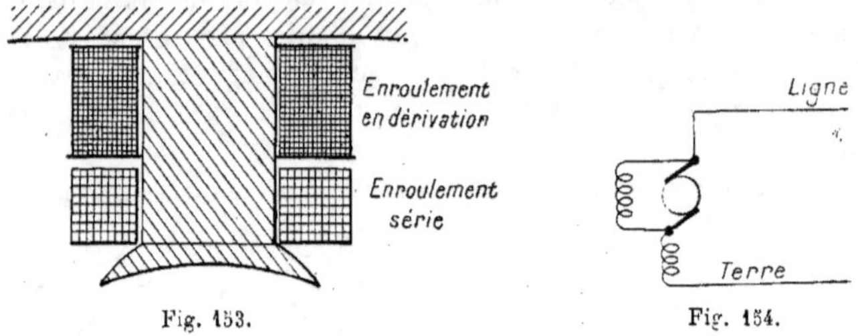

Fig. 153.   Fig. 154.

par les rails, son isolement par rapport à la masse peut être très faible (fig. 154).

POLES AUXILIAIRES DE COMMUTATION

On sait que pour que la commutation se fasse sans étincelles, il est parfois nécessaire d'engendrer dans la section en court circuit une f. é. m. égale et opposée à ce que l'on appelle *la tension de réactance*, qui a sensiblement pour valeur

$$\varepsilon = -\frac{l i_a}{\theta},$$

formule dans laquelle :

$l =$ self induction de la section court-circuitée par les balais,
$i_a =$ intensité du courant dans une des voies de l'enroulement,
$\theta =$ temps pendant lequel se fait la commutation dans la section.

Jusqu'à ces derniers temps, on se bornait le plus souvent à décaler les balais, de façon à amener la section en court-circuit dans un champ convenable pour produire une f. é. m. opposée à la tension de réactance, mais il fallait alors que celle-ci ne soit pas trop considérable. Souvent, en effet, l'intensité débitée par une dynamo et par suite sa puissance se trouvaient limitées à cause de la commutation, plutôt que par un échauffement exagéré. Dans le cas des machines à grande vitesse, la durée très courte de la commutation pouvant produire une tension de réactance élevée, il était difficile d'éviter les étincelles aux balais.

Actuellement, pour que la puissance d'une machine ne soit limitée que par son échauffement et non par la nécessité d'une bonne commutation, et afin de pouvoir construire des machines à grande vitesse angulaire et à puissance élevée (comme celles qui doivent être commandées directement par turbines à vapeur, dans lesquelles θ est de l'ordre du millième de seconde et i_a peut dépasser 1000 ampères), on emploie ce que l'on appelle *des pôles auxiliaires de commutation* dont le but est d'engendrer le flux nécessaire à la production de la f. é. m., que l'on doit opposer à la tension de réactance (1).

Les pôles de commutation sont donc d'autant plus indiqués que la tension, la vitesse et la puissance sont plus élevées. Ils sont utiles lorsque sans eux la puissance d'une machine serait limitée par la commutation et non par l'échauffement.

D'après M. Hobart, pour un moteur de 1000 HP, 250 volts, 1500 tours, les pôles auxiliaires sont indispensables.

Pour un moteur de 350 HP, 250 volts, 1000 tours, les pôles auxiliaires permettent d'avoir une machine moins coûteuse et d'un fonctionnement plus satisfaisant, mais ils ne sont pas indispenables.

Pour un moteur de 150 H P, 250 volts, 1.000 tours, l'avantage des pôles est faible.

Pour une puissance inférieure à 150 HP, les pôles auxiliaires donnent matière à une construction plus coûteuse.

A la vitesse de 200 tours, les pôles sont avantageux pour des puis-

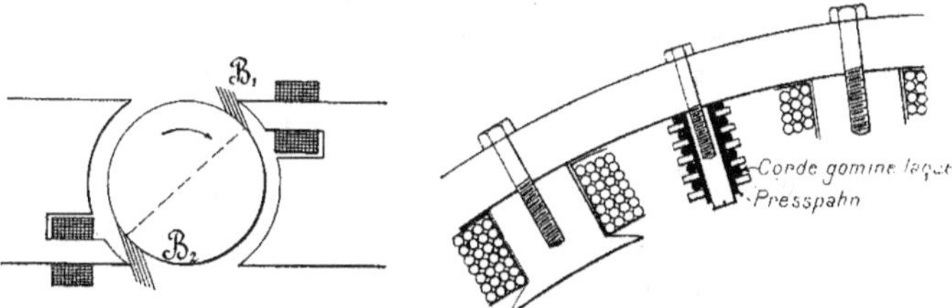

Fig. 155. — Pôles de commutation (dispositif *Swinburne*, 1886).

Fig. 156. — Pôles de commutation (disposition moderne).

sances supérieures à 500 H P, avec 500 volts, et pour des puissances supérieures à 800 H P, avec 250 volts.

Les pôles auxiliaires de commutation, qui sont actuellement très

(1) Voir pages 121 et suivantes la théorie de la commutation et le calcul de ces pôl s.

employés pour les cas que l'on vient de signaler ont été proposés déjà depuis longtemps. En 1886, Swinburne imaginait de disposer sur les cornes polaires placées à l'entrée de l'induit, dans le cas d'un générateur, ou à la sortie de l'induit dans le cas d'un moteur, des bobines parcourues par le courant total de la machine, comme les représente la figure 155. Quelques années après, d'autres dispositifs analogues étaient imaginés par différents inventeurs, principalement par Fischer Hinnen et Ryan.

Actuellement, les pôles de commutation sont disposés entre les pôles principaux comme le représente la figure 156. Ces pôles sont massifs et fixés à la carcasse au moyen de boulons.

On donne à leurs pièces polaires une forme convenable, et étudiée pour que la variation de flux ne se fasse pas trop brusquement.

Les bobines montées sur ces pôles auxiliaires sont branchées en série sur l'induit, puisque la f. é. m. à obtenir doit être proportionnelle à l'intensité de l'induit. Elles sont constituées par quelques spires de grosse section, isolées entre elles par une bande de presspahn ou par une simple corde gomme laquée.

Si l'intensité débitée par l'induit est très considérable, pour éviter l'emploi de conducteurs trop massifs, difficiles à travailler, on peut, pour un enroulement inducteur série, disposer toutes les bobines en parallèle et les brancher ensuite en série sur l'induit.

Le calcul des pôles de commutation étant toujours assez incertain, pour pouvoir régler le flux émis par ces pôles, il est prudent, dans le cas d'une machine nouvelle, de rendre facilement possibles de légères variations de l'entrefer, en plaçant entre ces pôles et la carcasse quelques tôles, dont on peut modifier le nombre ou l'épaisseur suivant les cas.

Enroulements de compensation.

Le courant débité par l'induit produit une force magnétomotrice, appelée réaction d'induit, qui a pour effet de tordre le flux inducteur, ce qui détermine une certaine chûte de tension dans l'induit.

Pour équilibrer la réaction d'induit, on emploie ce que l'on appelle des enroulements de compensation qui sont formés, en principe, de quelques spires fixées après l'inducteur, branchées en série sur l'induit et tendant à produire à chaque instant une force magnétomotrice égale et directement opposée à celle de l'induit.

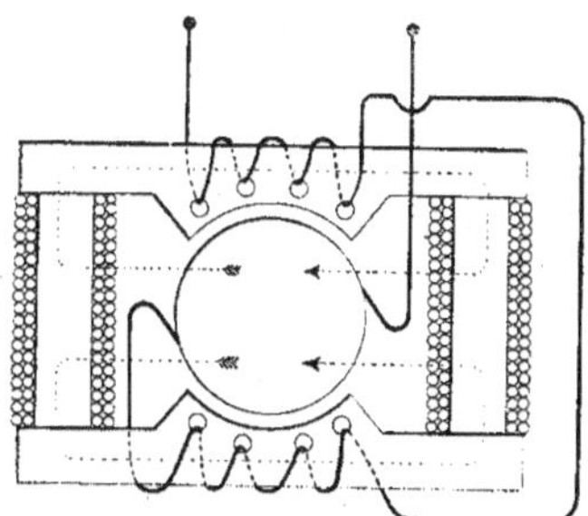

Fig. 157.

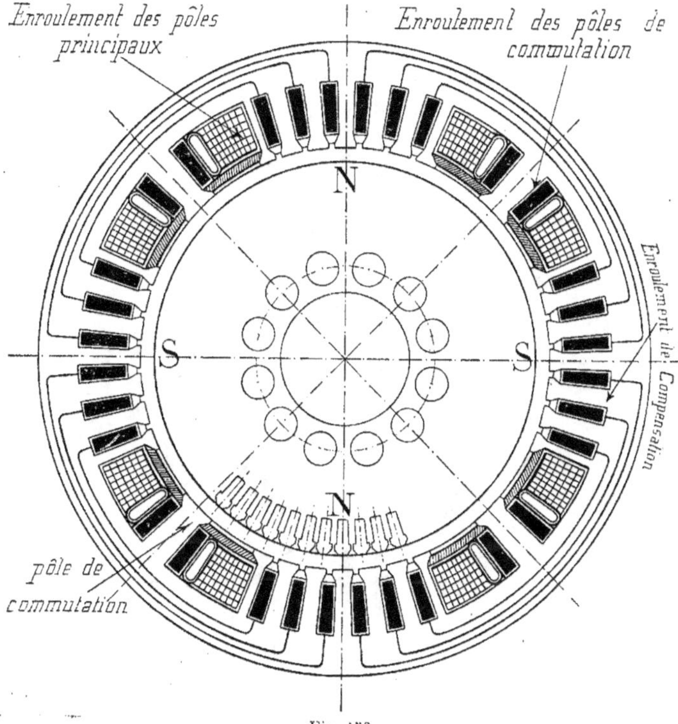

Fig. 158.

Comme les pôles de commutation, les enroulements de compensation sont relativement anciens. La fig. 157 représente un enroulement imaginé il y a plus de vingt ans par Fischer-Hinnen et Ryan.

Les pièces polaires étaient percées de trous pour recevoir l'enroulement compensateur, qui tendait à produire un flux dirigé suivant les flèches figurées en pointillé.

Les enroulements de compensation qui, comme les pôles de commutation, ont été longtemps abandonnés, sont actuellement très employés dans le cas des dynamos de grande puissance (moteurs de laminoirs par exemple) ou pour les machines à très grande vitesse dans lesquelles on a à redouter une très forte réaction d'induit.

Avec ces enroulements, on emploie toujours en même temps des pôles de commutation.

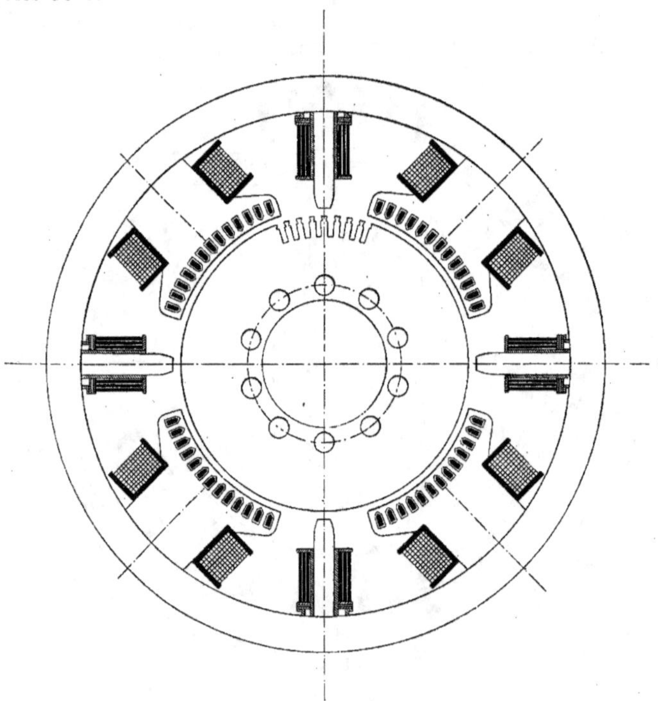

Fig. 159.

Pour recevoir les enroulements compensateurs, l'inducteur peut affecter deux formes différentes :

Ou bien (fig. 158) les pôles principaux sont percés sur toute leur hauteur d'étroites rainures dans lesquelles sont logées les bandes de cuivre formant l'enroulement compensateur. Ces bandes de cuivre sont tordues pour permettre de placer les bobines qui doivent produire les pôles principaux N, S. Les pôles de commutation sont disposés comme dans une dynamo ordinaire. L'inducteur, qui est établi entièrement en tôle pour que le perçage des rainures soit plus facile, ne paraît pas avoir de pôles saillants et ressemble un peu au stator d'un alternateur. Il porte le nom d'inducteur *Déri* et est très employé pour les turbo-dynamos (Brown-Boveri, Société d'Electricité A. E. G., Siemens, etc.).

Ou bien (fig. 159) l'inducteur est semblable à un inducteur ordinaire avec pôles de commutation, mais les pièces polaires sont plus importantes et percées de trous dans lesquels on place, comme dans le système Déri, les barres de cuivre qui forment l'enroulement compensateur. Ce type d'inducteur est également très employé pour les turbo-dynamos et les machines de grande puissance (Société Westinghouse, Siemens, etc.).

CHAPITRE IV

Commutation dans les machines dynamos

I

SUR LA F. É. M. DE COMMUTATION DANS UNE MACHINE A COURANT CONTINU

Hypothèse de balais juste égaux en largeur aux lames.

Considérons une machine bipolaire, pour simplifier, dont ci-dessous le développement (fig. 160). Imaginons également, pour fixer les idées, que nous ayons affaire à un induit en anneau. L'in-

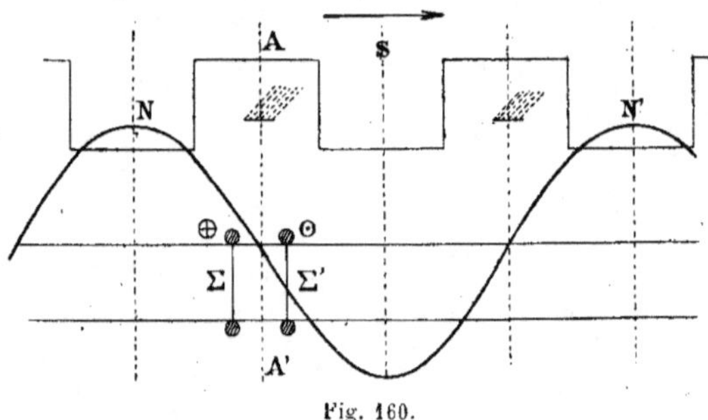

Fig. 160.

duit se déplaçant dans le sens de la flèche, la spire Σ va passer de la région N dans la région S de polarité opposée; dans la région N elle était parcourue par le courant + I, dirigé dans le sens ⊕ (d'avant en arrière). Dans la région S elle sera parcourue par le courant — I de sens ⊙ (d'arrière en avant) (fig. 160).

Si l'on cherche à rapprocher ce cas tout théorique de celui d'une machine réelle (cas de plusieurs spires par section, de K lames au collecteur et de $\nu = $ K sections) on voit que lorsque la section Σ aura, dans son mouvement, cessé d'être en contact avec le balai F qui la court-circuitait plus ou moins jusque-là, elle viendra participer au

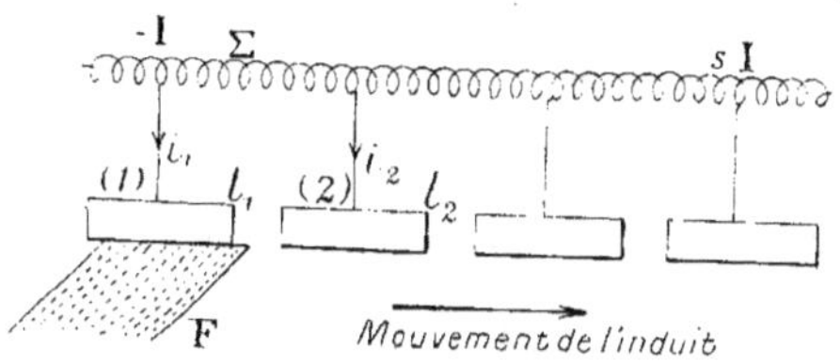

Fig. 161.

régime général de courant — I, alors qu'elle appartenait préalablement à la série de sections parcourues par le courant + I (fig. 161).

Or, tant qu'elle était parcourue par le courant + I, elle embrassait à son intérieur un certain flux $\mathcal{L}$ I. Quand elle a d'abord été court-circuitée par le balai F, elle a tendu à créer une certaine f. é. m. de self-induction, le courant $\jmath$ dans la section s'écoulant au balai en partie par la connexion (1), (chemin i_1 et lame l_1) en partie par la connexion (2), (chemin i_2 et lame l_2).

La (ou les) spires Σ, tendant à maintenir le courant $\jmath$ à son intérieur, développent une f.é.m. additionnelle $\mathcal{L}\dfrac{d\jmath}{dt}$, de telle sorte qu'on peut avoir évidemment, avant que le balai F ait quitté la lame l_2, l'égalité :

$$+ \mathcal{L}\frac{d\jmath}{dt} + i_1(r + r_1) = (r + r_2)i_2 - \mathrm{R}\jmath \qquad (1)$$

R étant la résistance de la section commutée et en appelant r_1 et r_2 les résistances de contact des lames, approximativement inversement proportionnelles aux surfaces en regard (1), et r la résistance, supposée égale pour toutes, des connexions du collecteur.

Remarquons qu'en appelant σ_0 la surface totale de contact du balai avec la lame, σ_1 et σ_2, celles des contacts instantanés des lames avec le

---

(1) Il n'en est pas toujours de même (balais en charbon).

balai, on a évidemment, en supposant le balai de la même largeur qu'une lame :

$$\left.\begin{array}{l} \sigma_2 = \sigma_{_0} \left(\dfrac{-t+\theta}{\theta} \right) \\[2mm] \sigma_1 = \sigma_0 \left(\dfrac{t}{\theta} \right) \end{array}\right\} \qquad \text{avec} \qquad \theta = \dfrac{T}{\nu}$$

θ, durée de la commutation d'une section,
T, durée d'une révolution de l'induit bipolaire,
ν, nombre de sections égal au nombre de lames.

Nous aurons donc, a désignant une constante convenable tenant compte de la nature des surfaces en regard :

$$r_1 = \frac{a\theta}{t}, \qquad r_2 = \frac{a\theta}{-t+\theta}.$$

L'équation (1) de tout à l'heure peut donc s'écrire :

$$i_1\left[r + \frac{a\theta}{t} \right] = i_2\left[r + \frac{a\theta}{\theta - t} \right] - \mathcal{L}\frac{d\mathcal{J}}{dt} - R\mathcal{J} \qquad\qquad (1')$$

avec, rappelons-le :

r, résistance d'une connexion,
R, résistance de la section.

Or, en appelant I_a le courant total débité par l'induit, et $\mathcal{J}$ le courant passant dans la section à commuter, on a évidemment :

$$\left.\begin{array}{l} \mathcal{J} = \dfrac{I_a}{2} = + I \text{ au début} \\[3mm] \mathcal{J} = \dfrac{I_a}{2} = - I \text{ à la fin} \end{array}\right\} \text{de la commutation}$$

et :

$$i_1 + i_2 = 2I = I_a,$$

puisque les deux lames collectent tout le courant. D'où :

$$i_1 = \frac{I_a}{2} + \mathcal{J}$$

$$i_2 = \frac{I_a}{2} - \mathcal{J}.$$

Il en résulte donc l'équation différentielle :

$$\left(\frac{I_a}{2} + \mathcal{J}\right)\left(r + \frac{a\theta}{t}\right) = \left(\frac{I_a}{2} - \mathcal{J}\right)\left(r + \frac{a\theta}{\theta - t}\right) - \mathcal{L}\frac{d\mathcal{J}}{dt} - R\mathcal{J}$$

Ou, en ordonnant :

$$\mathcal{I}\left[2r + \frac{a\theta}{t} + \frac{a\theta}{\theta - t} + R\right] + \frac{I_a}{2}\left[\frac{a\theta}{t} - \frac{a\theta}{\theta - t}\right] + \mathcal{L}\frac{d\mathcal{I}}{dt} = 0.$$

Cette équation différentielle présente des difficultés d'intégration assez considérables.

Examinons d'abord des cas particuliers.

1° Self-induction de la section négligeable; $\mathcal{L} = o$. Supposons en outre les résistances des connexions négligeables ($r = o$) et aussi la résistance R de la section faible.

Pratiquement, cela revient à donner un rôle prépondérant aux résistances de contact des balais.

Rappel des hypothèses :

$$\mathcal{L} = 0,$$
$$R = 0,$$
$$r = 0.$$

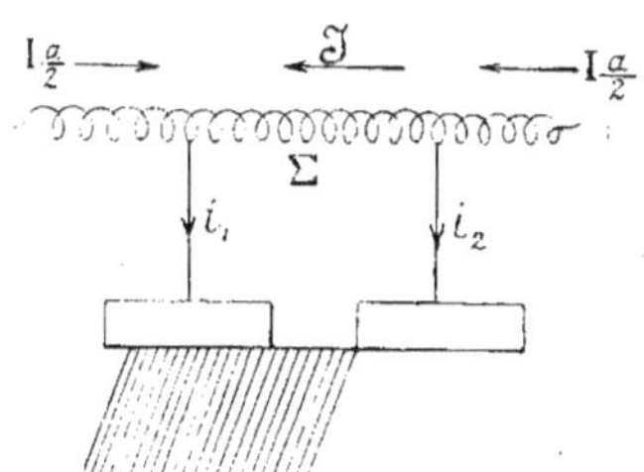

Fig. 162.

Alors :

$$\mathcal{I}\left[\frac{a\theta}{t} + \frac{a\theta}{\theta - t}\right] + \frac{I_a}{2}\left[\frac{a\theta}{t} - \frac{a\theta}{\theta - t}\right] = 0$$

$$\mathcal{I} = \frac{I_a}{2}\left[\frac{\theta - t - t}{\theta}\right] = \frac{I_a}{2}\left[1 - \frac{2t}{\theta}\right]$$

$$\begin{cases} \mathcal{I} = \frac{I_a}{2}\left[1 - \frac{2t}{\theta}\right] \\[2mm] i_1 = \frac{I_a}{2} + \frac{I_a}{2} - 2\frac{I_a}{2}\frac{t}{\theta} = I_a - I_a\frac{t}{\theta} \\[2mm] i_2 = \frac{I_a}{2} - \frac{I_a}{2} + 2\frac{I_a}{2}\frac{t}{\theta} = I_a\frac{t}{\theta}. \end{cases}$$

Les trois courants I, i_1 et i_2 varient donc linéairement en fonction du temps.

Si l'on observe que les rapports :

$$\frac{i_1}{\sigma_1} = \frac{i_2}{\sigma_2} = \frac{\mathrm{I}_a}{\sigma_0},$$

sont constants, puisque :

$$\begin{cases} \sigma_1 = \sigma_0 \, \dfrac{t}{\theta} \\[2mm] \sigma_2 = \sigma_0 \left(\dfrac{\theta - t}{\theta} \right) \end{cases}$$

on peut dénommer le mode de commutation obtenu dans ce cas *commutation à densité de courant constante*, très avantageux puisque la rupture sur la lame l_2 s'effectue à courant nul.

On n'oubliera pas que ce mode de commutation suppose essentiellement nulle la self-induction de la section commutée.

Représentation graphique de la commutation à densité constante.

Elle est donnée dans notre Cours Municipal déjà cité, 1re partie, page 138. Nous la reproduisons ci-contre (fig. 163).

Pour une abscisse m correspondant au temps t, on a sur le graphique ci-joint les valeurs de i_1, i_2 et I_a avec la densité de courant sur les lames δ constante, représentée par $tg\ \alpha$.

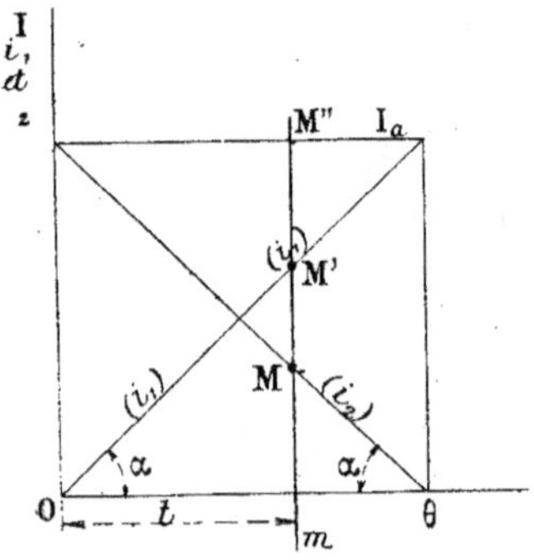

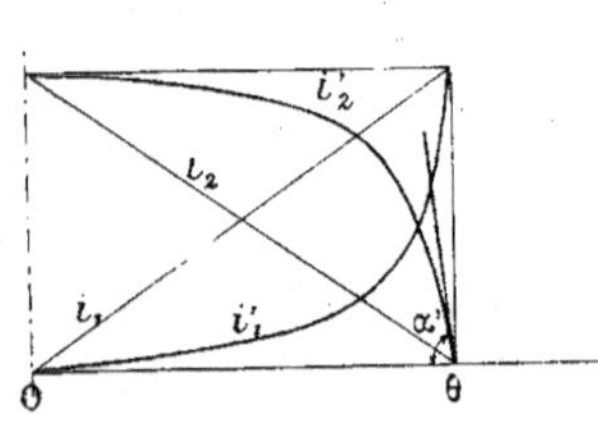

Fig. 163.   Fig. 164.

Remarque. — On notera que cette *self-induction* $\mathcal{L}$ est le grand facteur de perturbation de ce régime heureux que serait sans elle la commutation à densité constante. La densité de rupture $(tg\alpha')$ peut être très accrue (voir i'_1, i'_2, courants nouveaux au lieu de i_1, i_2) (fig. 164).

L'équation différentielle, en supposant r et R négligeables, devient :

$$i_1 \left[\frac{a\theta}{t} \right] = i_2 \left[\frac{a\theta}{\theta - t} \right] - \mathcal{L} \frac{di_1}{dt}$$

i_1, courant naissant. avec $i_1 + i_2 = I_a$.

On voit que, la rupture ne s'effectuant jamais suivant une ligne géométrique infiniment mince, le courant i_2 par exemple aux 99/100 de θ peut encore avoir une valeur presque égale à $I = \dfrac{I_a}{2}$.

On peut donc estimer, par prudence, qu'au moment de la fin de la commutation, la section était parcourue par le courant $I = \dfrac{I_a}{2}$.

Retour à l'étude théorique générale.

Pour :
$$r = 0$$
$$R = 0$$
nous avions l'équation différentielle :

$$\mathcal{I} \left[\frac{a\theta}{t} + \frac{a\theta}{\theta - t} \right] + \frac{I_a}{2} \left[\frac{a\theta}{t} - \frac{a\theta}{\theta - t} \right] + \mathcal{L} \frac{d\mathcal{I}}{dt} = 0.$$

Dans le cas plus vraisemblable où R serait non négligeable, r le restant seul, notre équation deviendrait :

$$\mathcal{I} \left[R + \frac{a\theta}{t} + \frac{a\theta}{\theta + t} \right] + \frac{I_a}{2} \left[+ \frac{a\theta}{t} - \frac{a\theta}{\theta - t} \right] + \mathcal{L} \frac{d\mathcal{I}}{dt} = 0.$$

Remarque I — **Influence de la résistance des connexions.** — On peut du reste remarquer que r, résistance des connexions, donne dans cette équation, si elle est conservée, un terme qui se combine immédiatement avec la chûte de tension ohmique dans la bobine. On a en effet, pour ce terme :

$$r \left(\frac{I_a}{2} + \mathcal{I} \right) - r \left(\frac{I_a}{2} - \mathcal{I} \right).$$

Dans le premier membre de l'équation précédente, cette chûte de tension s'écrit $2rJ$; donc l'introduction de la résistance r d'une connexion dans la formule revient à remplacer R, résistance de la section commutée, par le terme à peine différent :

$$R' = R + 2r.$$

Nous supposerons cette substitution faite.

REMARQUE II. — **Influence de la nature des balais (cuivre ou charbon.)** — Nous avons supposé dans ce qui précède que la résistance de contact des balais variait proportionnellement à l'inverse de leur surface. C'est vrai ou à peu près avec les balais métalliques, mais non malheureusement avec les balais en charbon qui, en s'échauffant, diminuent de résistance ; par conséquent, à la rupture où la densité de courant est généralement supérieure à celle moyenne donnée par le quotient $\dfrac{I_a}{\sigma_0}$ (σ_o, surface de contact totale d'une lame, I_a courant d'armature passant par cette lame, (cas d'une machine bipolaire), la résistance du balai de charbon diminue, ce qui accroît encore le courant à ce moment. C'est un effet néfaste et malheureusement d'importance relativement grande.

REMARQUE III. — **Influence des sections commutées voisines.** — L'hypothèse simplificative faite plus haut d'une largeur de balais égale à celle d'une lame n'est jamais vérifiée en pratique, sauf dans des cas très rares. Généralement, en raison de la multiplicité actuelle des lames au collecteur, deux ou trois sections sont commutées à la fois.

Si l'on arrivait à *commuter* en intéressant même trois sections par

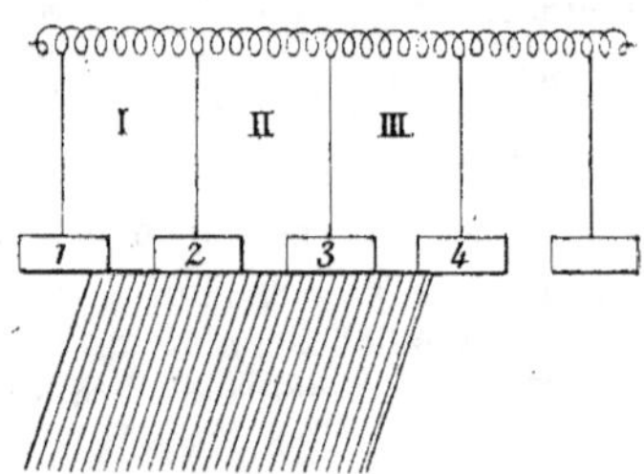

Fig. 165.

exemple, à densité de courant constante, on pourrait admettre que la densité de courant de chacune des quatre lames I, II, III, IV, intéressées au même moment par le contact avec le balai, est la même (fig. 165). Les courants i_1, i_2, i_3, i_4, seraient donc des fonctions linéaires du temps et leurs variations seraient proportionnelles. On pourrait donc admettre que la section II, par exemple *commutée*, reçoit de ses voisines I et III des f. é. m. d'induction (mutuelle) proportionnelles à :

$$\frac{d\mathfrak{I}_{\text{II}}}{dt}$$

$\mathfrak{I}_{\text{II}}$ étant le courant qui la parcourt, puisque $\dfrac{d\mathfrak{I}_{\text{I}}}{dt}$ et $\dfrac{d\mathfrak{I}_{\text{III}}}{dt}$ sont proportionnels à $\dfrac{d\mathfrak{I}_{\text{II}}}{dt}$.

C'est là une hypothèse *à priori* et qui ne serait tout au plus acceptable que dans le cas de la commutation à densité *rigoureusement constante*.

Nous allons voir que ce ne sera pas en général le cas. Néanmoins dans un but de simplification, et les résultats expérimentaux obtenus ne différant pas trop de ceux prévus par la théorie, on calcule le coefficient $\mathfrak{M}$ *d'induction mutuelle* de II avec I et III (et de même naturellement pour les autres sections).

Ce calcul fait, on obtient ainsi un coefficient d'induction totale :

$$\mathcal{L}' = \mathcal{L} + \mathfrak{M},$$

$\mathcal{L}$ coefficient de self-induction de la bobine II (par exemple), $\mathfrak{M}$, coefficient d'induction mutuelle des bobines I et III sur la bobine II.

Nous donnerons tout à l'heure, à titre d'exemple, le calcul de $\mathcal{L}$ et de $\mathfrak{M}$ dans un cas particulier.

Remarque IV. — **Signification de θ, durée de la commutation.** — Dans l'hypothèse simpliste de balais égaux en largeur aux lames, nous pouvons adopter, pour définir θ, le quotient du temps total T d'une révolution complète de l'induit par le nombre de lames ν. Dans le cas plus général de balais ayant une largeur sans rapport immédiat avec la largeur d'une lame, le temps θ sera

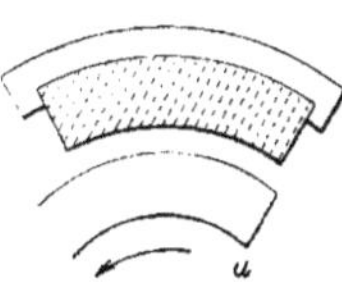

Fig. 166.

simplement celui mis par l'*arête* a d'une lame pour défiler sous le balai (fig. 166).

REMARQUE V. — On a vu que la résistance des sections et connexions introduit des complications dans la commutation (augmentation de la densité de rupture). Il semble donc illogique de mettre, comme le font certains, des résistances entre les sections et le collecteur :

Etude de l'équation différentielle classique de la commutation.

Rappelons la forme de cette équation :

$$\jmath\left[R + \frac{a\theta}{t} + \frac{a\theta}{\theta - t}\right] + \frac{I_a}{2}\left[+ \frac{a\theta}{t} - \frac{a\theta}{\theta - t}\right] + \mathcal{L}\frac{d\jmath}{dt} = 0.$$

L'étude de cette équation sous cette forme serait d'ordre purement spéculatif. Elle renseignerait, si l'on parvenait à l'intégrer malgré les difficultés du calcul, sur l'ordre des densités de rupture. Elle ne donnerait pas le moyen de les améliorer. Cherchons à calculer l'expression d'une f. é. m. de commutation E_c à introduire pour améliorer cette commutation.

Nous écrirons donc ainsi l'équation différentielle, sous cette nouvelle forme due à *Arnold* :

$$\mathcal{L}\frac{d\jmath}{dt} + R\jmath + \left[\frac{I_a}{2} + \jmath\right]a\frac{\theta}{t} - \left[\frac{I_a}{2} - \jmath\right]a\frac{\theta}{\theta - t} = E_c$$

E_c étant une fonction convenable de t; soit :

$$\frac{a\theta}{\mathcal{L}} = \pi,$$

L'équation devient :

$$\frac{d\jmath}{dt} + \jmath\left[\frac{R}{\mathcal{L}} + \frac{\pi}{\theta - t} + \frac{\pi}{t}\right] = \frac{E_c}{\mathcal{L}} - \frac{I_a\pi}{2}\left[\frac{1}{\theta - t} + \frac{1}{t}\right]$$

$$\frac{d\jmath}{dt} + \jmath\left[\frac{R}{\mathcal{L}} + \pi\left(\frac{1}{\theta - t} + \frac{1}{t}\right)\right] = \frac{E_c}{\mathcal{L}} - \frac{I_a\pi}{2}\left[\frac{1}{\theta - t} + \frac{1}{t}\right].$$

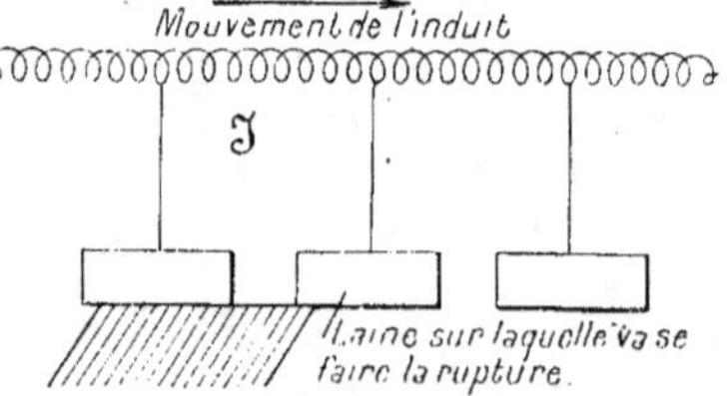

Fig. 167.

Cette équation différentielle a été étudiée par Arnold. A la suite d'une analyse longue et remarquable, que nous ne reproduisons pas ici, Arnold arrive aux résultats suivants :

(Nous supposerons toujours, pour simplification de nos notations, avoir à faire à une machine bipolaire. La généralisation est intuitive dans le cas d'une machine multipolaire).

Il distingue deux cas :

1er *cas*. — En appelant a la résistance de contact

$$a > \frac{\mathcal{L}\rho}{\theta}$$

ou, ce qui revient au même :

$$a\mathrm{I}_a > \frac{\mathcal{L}\rho \mathrm{I}_a}{\theta},$$

c'est-à-dire, chûte de tension ohmique aux balais plus grande que la tension de réactance.

2me *cas*.

$$a < \frac{\mathcal{L}\rho}{\theta} \quad \text{ou} \quad a\mathrm{I}_a < \frac{\mathcal{L}\mathrm{I}_a}{\theta}$$

c'est-à-dire, chûte de tension aux balais plus petite que la tension de réactance.

Examen du 1er cas.

$$a\mathrm{I}_a > \frac{\mathcal{L}\rho \mathrm{I}_a}{\theta}.$$

On trouve que, si l'on appelle toujours δ_{moy} le quotient $\frac{\mathrm{I}_a}{\sigma_o}$, la densité de rupture est donnée par :

$$\delta_{\mathrm{R}} = \delta_{\mathrm{moy}} \left(\frac{a\mathrm{I}_a + \mathrm{E}_c}{a\mathrm{I}_a - \frac{\mathcal{L}\rho \mathrm{I}_a}{\theta}} \right).$$

Cette densité est finie tant que $a\mathrm{I}_a = \frac{\mathcal{L}\mathrm{I}_a}{\theta}$.

On peut donc, si $a\mathrm{I}_a$ et $\dfrac{\mathcal{L}\mathrm{I}_a}{\theta}$ sont dans des rapports convenables,
ou bien avoir une densité acceptable à la rupture :

$$\delta_{\mathrm{R}} = 2\,\delta_{\mathrm{moy}},$$

par exemple, ou

$$\delta_{\mathrm{R}} = 3\,\delta_{\mathrm{moy}},$$

sans f. é. m. de commutation, c'est-à-dire en conservant un calage
fixe sur la ligne neutre, ou bien créer cette f. é. m. de commutation
quand $a\mathrm{I}_a$ est trop peu fort par rapport à $\dfrac{\mathcal{L}\mathrm{I}_a}{\theta}$.

Soit, par exemple :

$$a\mathrm{I}_a = 2\,\frac{\mathcal{L}\mathrm{I}_a}{\theta}.$$

Il vient :

$$\delta_{\mathrm{R}} = \delta_{\mathrm{moy}}\,\frac{1 + \dfrac{\mathrm{E}_c}{a\mathrm{I}_a}}{1 - 0,5}.$$

Si donc l'on ne prenait pas de f. é. m. de commutation, on aurait :

$$\delta = 2\,\delta_{\mathrm{moy}},$$

ce qui serait très acceptable.

La f. é. m. de commutation sera donc en général une inconnue
à déduire de l'équation :

$$\delta_{\mathrm{R}} = \delta_{\mathrm{moy}}\,\frac{1 + \dfrac{\mathrm{E}_c}{a\mathrm{I}_a}}{1 - \dfrac{\mathcal{L}}{a\theta}}$$

dans laquelle on connait $\mathcal{L}$, θ et a, et dans laquelle on se donne δ_{R}.

Si l'on trace les courbes de commutation (courant dans la lame
qui va subir la rupture), on trouve des courbes telles que celles indiquées ci-contre dans lesquelles la densité de rupture (tangente en θ)
est finie (fig. 168).

L'une de ces courbes se réduit à une droite. C'est celle pour laquelle

$$\mathrm{E}_c = \frac{\mathcal{L}\mathrm{I}_a}{\theta}.$$

Si l'on prend des f. é. m. de commutation trop fortes, on a des
courbes qui acquièrent des ordonnées négatives dans le voisinage
du point θ.

Physiquement cela revient à dire que l'on a renversé *trop vite* le sens du courant dans la section commutée, qui, alors de la rupture,

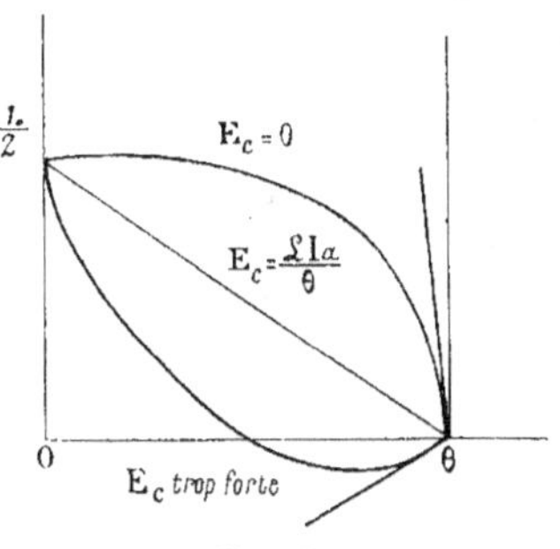

Fig. 168.

passait de la région $+\dfrac{I_a}{2}$ à la région $-\dfrac{I_a}{2}$ et était déjà supérieur en valeur à celui, égal à $-\dfrac{I_a}{2}$, qu'elle doit recevoir des sections voisines.

EXAMEN DU 2e CAS.

$$a I_a \leq \frac{\mathcal{L} I_a}{\theta}.$$

On trouve alors théoriquement que la densité de rupture est toujours infinie pour le temps θ; cependant, comme cette rupture ne s'effectue pas sur une ligne géométrique, mais sur un arc d'épaisseur sensible, il en résulte qu'il suffit qu'au temps $\theta\,(1 - a)$, a étant une fraction déterminée par l'expérience, qui peut être petite (1/100, 2/100 etc.), la densité de courant pour cet instant soit encore tolérable.

C'est ce que l'expérience vérifie. On peut commuter convenablement, même avec $a I_a$ beaucoup plus petit que $\dfrac{\mathcal{L} I_a}{\theta}$. Dans certaines machines, la tension de réactance vaut 12 à 15 volts et la chute de tension aux balais ne dépasse pas 1 volt à 1,5 volt.

Cette commutation nécessite néanmoins toujours des f. é. m. de commutation E_c. Sans f. é. m. de commutation, la courbe est tangente à la verticale en θ. Mais, avec f. é. m. de commutation, elle ne prend cette position que tout près de θ.

Pour $E_c = \dfrac{\mathcal{L}I_a}{\theta}$, on a une droite.

On peut avoir encore des densités négatives, si E_c est pris trop considérable.

D'une manière générale, bien que le choix de $E_c = \dfrac{\mathcal{L}I_a}{\theta}$ corresponde à une solution *singulière* de l'équation différentielle (droite non tangente à la verticale en θ, bien que passant par θ) on aura des commutations acceptables même avec des f. é. m. de commutation différant de quelques 1/10 en plus ou en moins de E_c (fig. 169).

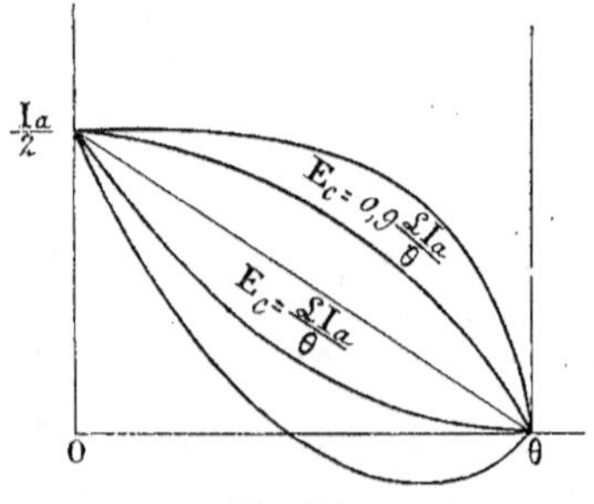

Fig. 169.

On remarquera qu'on ne peut plus parler de densité de rupture (théoriquement infinie) mais de densité aux temps 98/100, 99/100 par exemple de θ, où cette densité peut encore être acceptable (3 à 4 fois celle prise pour δ_{moy} dans certains cas).

Mode de variation de la f. é. m. de commutation. — Nous avons supposé qu'elle était constante. En réalité, elle varie puisqu'elle

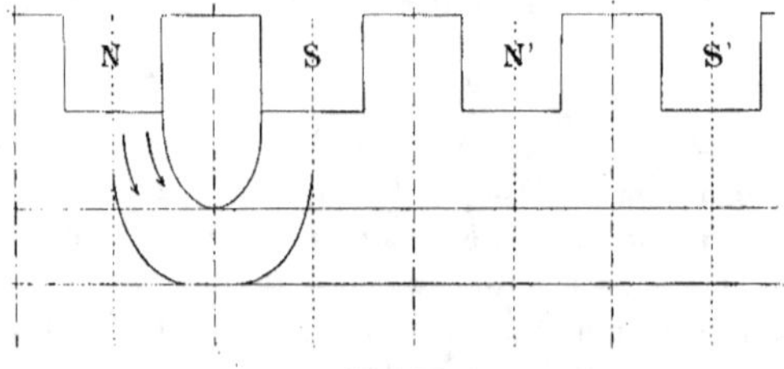

Fig. 170.

dépend, la vitesse de rotation de la machine étant constante, de l'avancement de la bobine dans le champ.

La fixation de cette f. é. m. de commutation est une question d'espèce. Il convient que la f. é. m. commence d'abord par croître lentement et ne cessse de grandir jusqu'à la fin du court-circuit, moment où l'effet selfique est le plus fort (fig. 170).

Répartition du flux coupé. — Influence sur la f. é. m. de commutation.

La valeur du flux coupé durant la commutation, s'effectuant sur l'angle α, est donnée par :

$$\Delta\Phi = \frac{\Phi_p}{2}\,(1 - \cos p\alpha).$$

La f. é. m. de commutation moyenne est :

$$\left(\frac{d\Phi}{dt}\right)_{\text{moy}} = \frac{\Phi_p}{2}\,\frac{1 - \cos p\alpha}{\theta} = \frac{1}{\theta}\,\frac{\Phi_p}{2}\,\frac{p^2\alpha^2}{2},$$

avec $\theta = \dfrac{\alpha}{\omega}$, et en supposant α petit. Du reste, on a, pour la f. é. m. à la fin de la commutation :

$$\frac{d\Phi}{dt} = p\,\frac{\Phi_p}{2}\,\sin p\alpha\,\frac{d\alpha}{dt}$$

$$\frac{d\Phi}{dt} = p\,\omega\,\frac{\Phi_p}{2}\,\sin p\alpha.$$

Sa valeur moyenne est donc moitié moindre.

II

MOYENS UTILISÉS EN PRATIQUE POUR DIMINUER LA RÉACTION D'INDUIT ET ATTÉNUER LES DIFFICULTÉS DE LA COMMUTATION

En résumé, comme nous l'avons dit, il faut tenir compte dans l'établissement des dynamos de ces deux éléments qui peuvent sembler indépendants à première vue, mais qui réagissent néanmoins l'un sur l'autre comme nous l'avons déjà montré. Rappelons ici les principes fondamentaux de ces deux phénomènes.

On a trouvé que les balais, pour que la commutation put s'effectuer sur une ligne d'induction nulle, devaient être calés sur un angle α mesuré, par rapport à la ligne neutre, par :

$$\operatorname{tg} p\,\alpha = \frac{(\mathrm{AT})_a}{(\mathrm{AT})_i}$$

$(\mathrm{AT})_a$ étant les ampères-tours d'induit correspondant à un pôle, $(\mathrm{AT})_i$ ceux de l'inducteur (fig. 171).

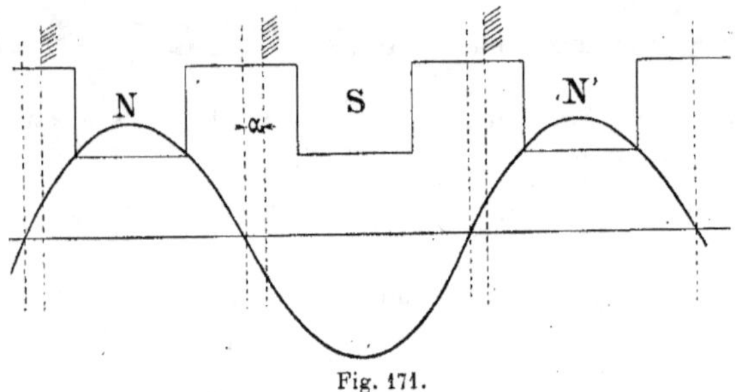

Fig. 171.

De la condition des Ampères-tours. Insuffisance. — Or, cette condition est insuffisante. En effet, même en plaçant les balais sur ces

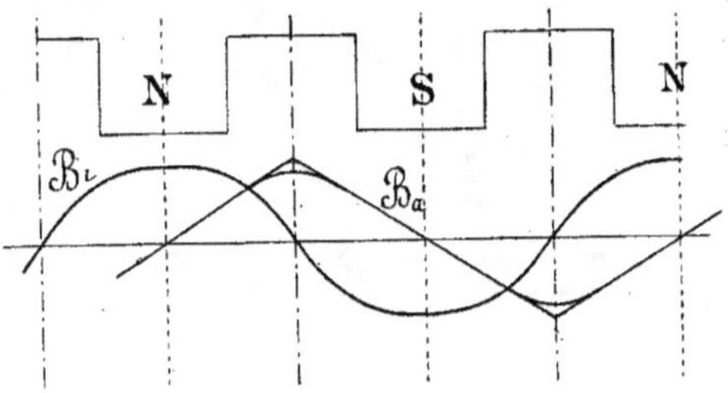

Fig. 172.

nouvelles lignes neutres, il faut donner à la spire (ou à la section commutée) une f. é. m. de commutation égale en valeur absolue à $\dfrac{\mathcal{L}\,\mathrm{I}_a}{\theta}$.

En général, sauf dans le cas des alternateurs, $\mathcal{B}_i$ et $\mathcal{B}_a$ n'auront même pas la forme sinusoïdale. $\mathcal{B}_i$ présentera des paliers assez accentués dans les entrefers polaires. De même $\mathcal{B}_a$ présentera souvent des pointes au voisinage des balais (fig. 172.)

La conclusion est la répartition toute spéciale de l'induction résultante dans l'entrefer.

Nous aurons ainsi un nouvel angle supplémentaire de calage des balais donné par:

$$\alpha' = f\left(\frac{\mathcal{L}I_a}{0}\right)$$

cet angle α' étant mesuré par rapport à la nouvelle ligne neutre des balais.

Remarquons que, même dans le cas de calage des balais sur la ligne d'induction $\mathfrak{B}$ nulle, le flux inducteur est distordu par le flux trans-

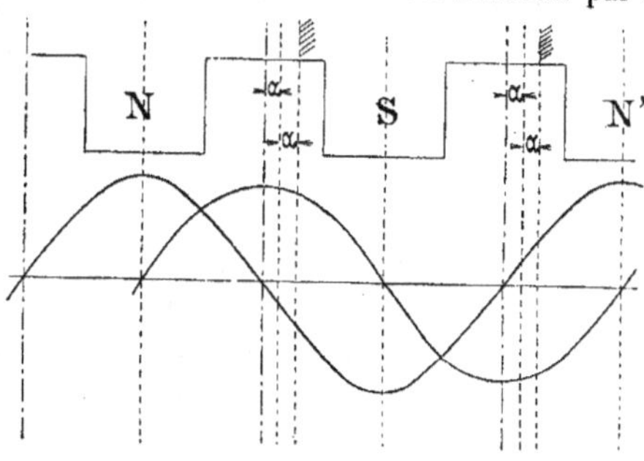

Fig. 173.

versal d'induit. L'induction $\mathfrak{B}_i$ étant même sinusoïdale, l'induction $\mathfrak{B}_r = \mathfrak{B}_i + \mathfrak{B}_a$ le sera aussi théoriquement. En effet:

$$\mathfrak{B}_r = \mathfrak{B}_i^\circ \sin p\partial + \mathfrak{B}_a^\circ \sin\left(p\partial - \frac{\pi}{2}\right)$$

$$= \mathfrak{B}_i^\circ \sin p\partial + \mathfrak{B}_a^\circ \sin p\partial \cos\frac{\pi}{2} - \mathfrak{B}_a^\circ \cos p\partial \sin\frac{\pi}{2}$$

$$= \mathfrak{B}_i^\circ \sin p\partial - \mathfrak{B}_a^\circ \cos p\partial$$

$$\mathfrak{B}_i = B \sin(p\partial - \varphi) \quad \text{avec} \quad \begin{cases} B^2 = \overline{\mathfrak{B}_i^\circ}^2 + \overline{\mathfrak{B}_a^\circ}^2 \\ \operatorname{tg}\varphi = \dfrac{\mathfrak{B}_a^\circ}{\mathfrak{B}_i^\circ}. \end{cases}$$

Malheureusement les inductions, comme on le sait, ne peuvent se composer sans précautions. Le renforcement du flux dans certaines cornes ne compense pas la diminution du flux dans certaines autres.

L'induction $\mathcal{B}_r$ ne serait, ($\mathcal{B}_i$ et $\mathcal{B}_a$ l'étant) une sinusoïde que dans le cas de machines loin de la saturation.

Nous voyons immédiatement sur la figure 174 la forme de l'induction résultante et en particulier le déplacement des lignes neutres, ainsi que le calage α des balais correspondants. Nous constatons donc qu'il y a distorsion de l'induction dans l'entrefer.

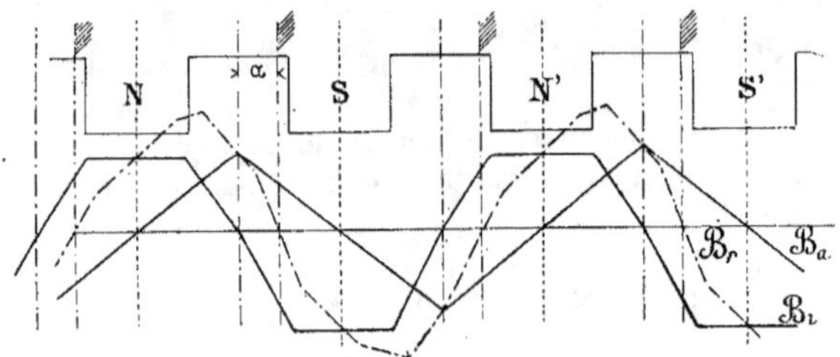

Fig. 174.

On a donc cherché :

1° Des dispositifs destinés à s'opposer à la distorsion du champ ;

2° Des artifices destinés à faciliter la commutation (en permettant par conséquent de maintenir les balais sur la ligne neutre) ;

3° Des procédés de construction permettant de supprimer à la fois les inconvénients provenant de la réaction d'induit et de la commutation.

1° — Artifices destinés à supprimer la réaction d'induit et la distorsion du flux.

Deux catégories d'artifices, ceux de *compensation* (de la réaction d'induit), ceux de *commutation*.

Compensation. — **Enroulements compensateurs à cordes**. Disposition intuitive (fig. 175).

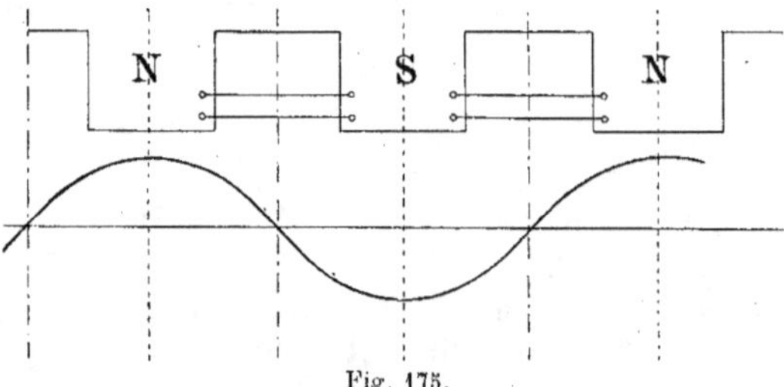

Fig. 175.

Enroulement Sayers. — Liaison des sections au collecteur par

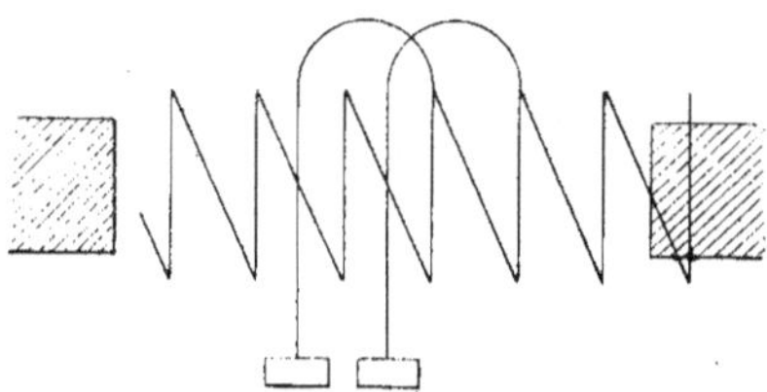

Fig. 176. — Enroulement *Sayers*.

des connexions appartenant à une autre région magnétique de l'induit
(fig. 176, 177).

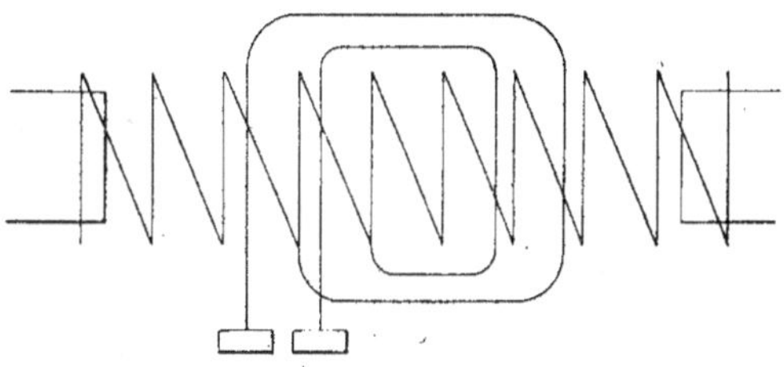

Fig. 177. — Enroulement *Sayers* à deux sens de marche.

Emploi de fentes transversales dans l'inducteur. — Ce dispositif
(fig. 178), destiné à augmenter la réluctance du circuit magnétique

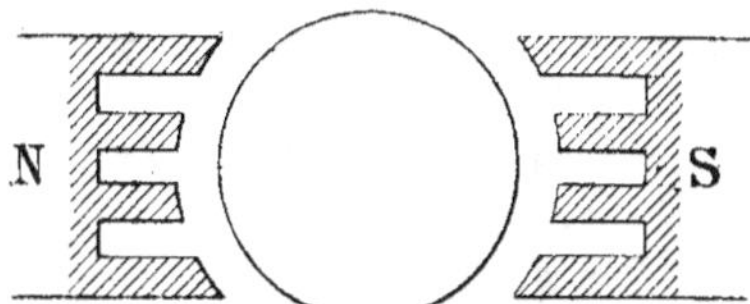

Fig. 178. — Fentes transversales.

offert au passage du flux d'induit, ne supprime pas la force magnéto-
motrice d'induit en marche normale. Il ne fait que canaliser un peu
mieux les lignes de force dans l'inducteur.

Fonctionnement des dynamos modernes.

Avec des balais en charbon, une densité de courant convenable
et une tension de réactance inférieure à 1,5 volt, on obtient une
bonne commutation sur la ligne neutre théorique.

Ce n'est plus la ligne neutre pratique car, par suite de la réaction d'induit sur l'inducteur, le champ est tordu. On ne commute donc pas à f. é. m. de commutation nulle, mais simplement et le plus souvent négligeable, et de sens contraire à ce qu'il faudrait pour avoir une véritable f. é. m. de commutation.

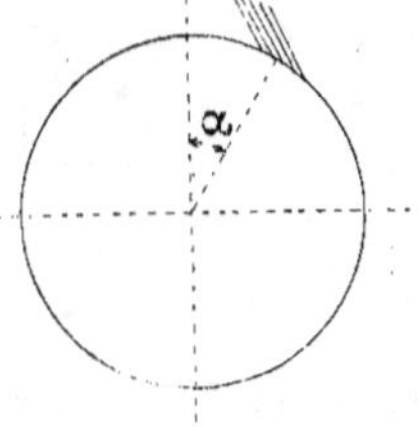

Fig. 179.

Cas où l'on admet un certain décalage des balais. — On admet souvent pour certaines machines un décalage fixe (légèrement en avant) et l'on cherche à réaliser à la fois par une forme appropriée des pièces polaires un champ de *commutation constant*, ou en variation lente dans cette section (condition reconnue comme favorable) (fig. 179).

2° Artifices destinés à augmenter la résistance de contact aux balais et à faciliter la commutation.

EMPLOI DE BALAIS SPÉCIAUX POUR AMÉLIORER LA COMMUTATION : AUGMENTATION DE RÉSISTANCE DES BALAIS

Balais lamellés. — Ces balais sont divisés par des plans radiaux. La prépondérance à attribuer à l'élément résistance est obtenue par des traits de scie pratiqués à une profondeur d'autant plus grande que l'on approche du bec de sortie. On augmente ainsi la distance parcourue par le courant dans le balai (fig. 180).

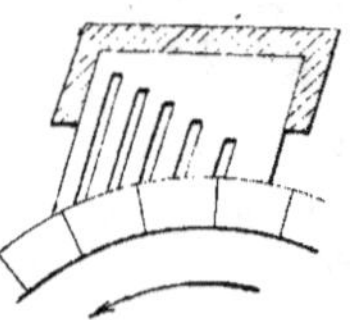

Fig. 180. — Balai lamellé (charbon).

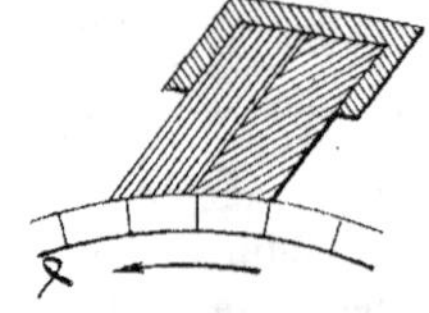

Fig. 181. — Balai mixte (charbon-cuivre).

Balais mixtes. — (De charbon à la sortie et de cuivre à l'entrée). Commutation excellente, bonne conductibilité d'ensemble et grande résistance à la fin de la commutation (fig. 181).

Avantages des balais de charbon. — Ils conservent beaucoup mieux le collecteur que les balais de cuivre qui le rayent vite.

POLES AUXILIAIRES

Artifices destinés à la fois à compenser la réaction d'induit et à faciliter la commutation.

Nous avons vu que la réaction d'induit et la f. é. m. de commutation à réaliser correspondant à des causes différentes avaient néanmoins partie liée en pratique. On peut établir dans certaines machines à courant continu, notamment celles destinées à être *accouplées aux turbines à vapeur* (groupes turbo-dynamos) des pôles auxiliaires permettant d'installer des ampères-tours en nombre suffisant pour compenser la réaction d'induit et faciliter la commutation, en fournissant aux spires commutées une f. é. m. de commutation convenable. Cette disposition est particulièrement précieuse dans le cas des machines où l'on ne peut tolérer une chute de tension aux balais suffisante pour équilibrer la tension de réactance qui est souvent considérable.

Augmentation de la durée de la commutation par l'inclinaison des

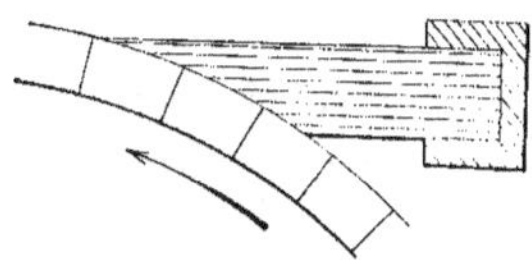

Fig. 182.

balais et leur allongement dans le sens périphérique (gain important dans le cas où l'on ne place pas dans la même encoche deux conducteurs susceptibles d'être commutés en même temps) (fig. 182).

Inexistence de pôles auxiliaires, mais emploi de pôles dissymétriques.

Principe. — Pièce polaire excentrée, s'étendant beaucoup plus loin vers la corne de sortie que vers la corne d'entrée (pour une génératrice) (fig. 183). De cette façon, on obtient un champ à variation lente au voisinage de la zône neutre (condition reconnue comme convenant à une bonne commutation).

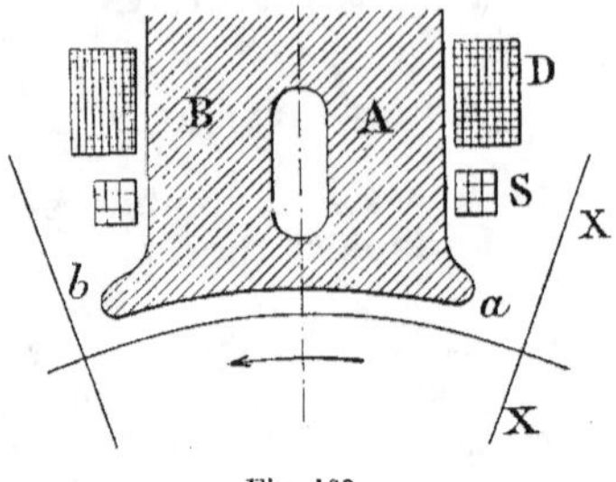

Fig. 183.

Enroulement série compensateur. — A vide I_1 est nul, le flux et la saturation sont plus considérables côté B que côté A (fig. 183 et 184).

L'enroulement série est en action quand la machine travaille en charge. On a alors renforcement de l'induction en a et accroissement du champ inducteur dans la région aX, donc tendance au maintien de la région neutre en place.

Comparaison des pôles auxiliaires bobinés et non bobinés.

L'emploi de pôles auxiliaires non bobinés aurait pour effet de créer une dissymétric encore plus considérable dans le circuit inducteur général. Les lignes de force s'y distribueraient de façon dissymétrique et en particulier les flux dûs à l'induit trouveraient dans ces

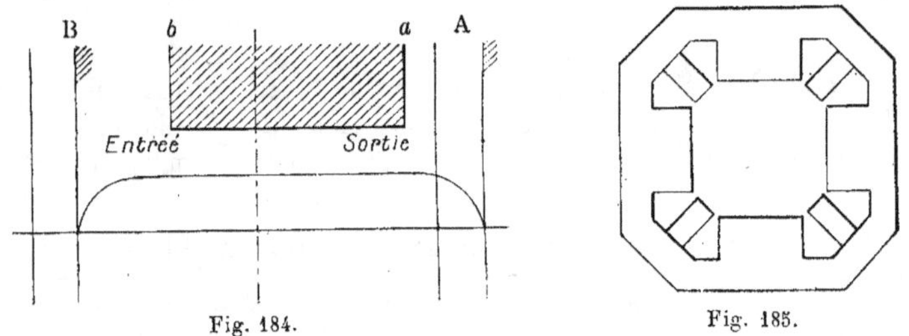

Fig. 184.

Fig. 185.

pôles spéciaux des saillies magnétiques avantageuses et très capables de diminuer la réluctance offerte à ces flux.

Au contraire, bobinés avec des ampères-tours série et enroulés

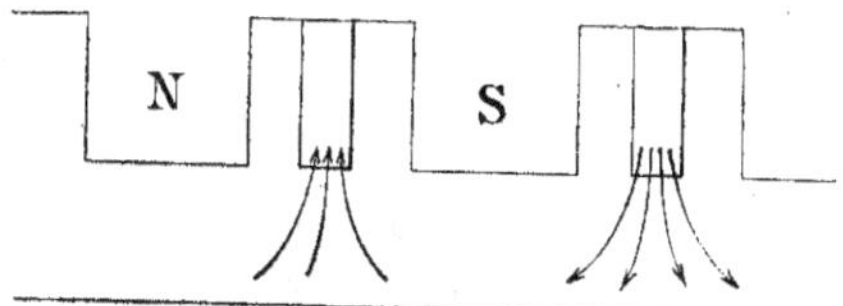

Fig. 186.

dans le sens convenable, ils donnent naissance à des forces magné-
tomotrices capables d'améliorer les ampères-tours d'induit et de produire la f. é. m. de commutation nécessaire (fig. 185 et 186).

Exemples de calcul d'ampères-tours de pôles auxiliaires. — Imaginons que nous ayons affaire à une machine multipolaire à enroulement parallèle.

En appelant $\left(\dfrac{n\,I_a}{2\times 2}\right)$ le nombre total des ampères-tours d'induit,
on a par pôle :

$$\frac{nI_a}{4}\,\frac{1}{2p} = \frac{n}{2}\,\frac{ia}{4p} = (\mathrm{AT})_a \text{ ampères-tours,}$$

ou encore, en utilisant une notion récemment introduite dans l'industrie : a, nombre d'ampères-fils par centimètre d'induit, ou bien
$\dfrac{a\,\pi\mathrm{D}}{2\,p}$, nombre d'ampères-fils par pôle, on a :

$$(\mathrm{AT})_a = \frac{a\,\pi\mathrm{D}}{2p}.$$

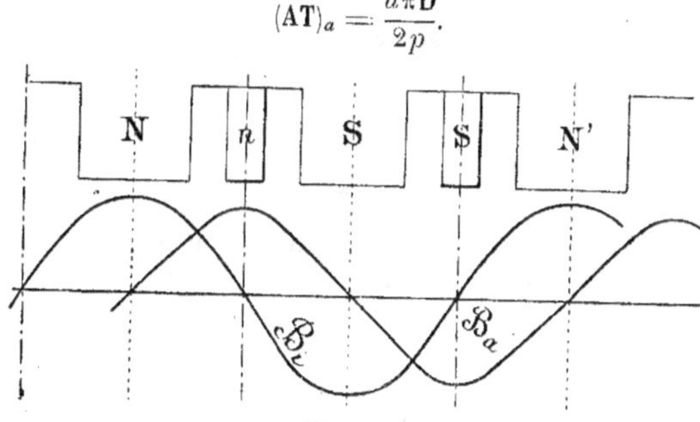

Fig. 187.

Nous aurons de même à calculer les ampères-tours supplémentaires destinés à assurer la f. é. m. de commutation nécessaire. Il vient, si :

> $\mathcal{B}'$ est l'induction dans l'entrefer du pôle auxiliaire,
> L' sa longueur,
> V la vitesse tangentielle du conducteur :

$$e' = \mathcal{B}'L'V,$$

pour la f. é. m. induite par ce pôle dans un conducteur qui défile dans son entrefer où existent à la fois les inductions $\mathcal{B}_i$ et $\mathcal{B}_a$ respectivement dues à l'inducteur et à l'induit (fig. 187).

Or, dans la section commutée il y a ν spires accolées qui participent au mouvement (fig. 188).

Si nous avons un enroulement en tambour il faudra prendre seulement $\nu' = \dfrac{\nu}{2}$ de ces spires.

Il viendra donc, l'étude préalable faite de la valeur ν qu'impose le mode d'enroulement de l'induit :

$$\mathcal{B}'L'V\nu = E_c$$

E_c f. é. m. de commutation.

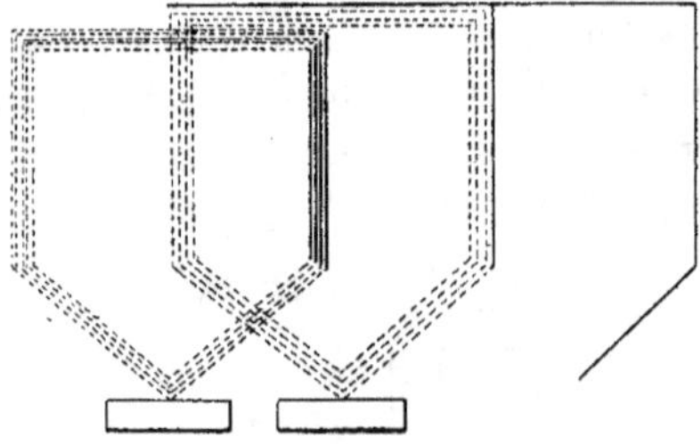

Fig. 188.

Or E_c est justement égale à la tension de réactance qui a pu être calculée pour ce mode d'enroulement. Il vient donc :

$$\mathcal{B}' = \frac{E_c}{L'V\nu}$$

ce qui nous donne l'induction afférente à ce pôle.

Or, le circuit magnétique affecté au pôle de commutation a généralement un entrefer beaucoup plus grand que celui correspondant à un pôle ordinaire.

Dans ce circuit magnétique la majeure partie de la réluctance sera constituée par le double entrefer du pôle. Il viendra donc pour les ampères-tours supplémentaires :

ou :

$$1,25\,(\mathrm{AT})' = \mathfrak{B}'\,2\,l'_e,$$

$$(\mathrm{AT}) = 1,6\,\mathfrak{B}'\,l'_e,$$

l'_e étant la longueur de cet entrefer de pôle auxiliaire.

Il en résulte pour les ampères-tours totaux à pleine charge :

$$\chi = \frac{a\,\pi\,\mathrm{D}}{2p} + 1,6\,\mathfrak{B}'\,l'_e.$$

REMARQUE. — Nous avons supposé l'enroulement multipolaire.

Prenons en outre l'exemple d'une machine à enroulement série, avec 2 balais calés à $\dfrac{2\pi}{2p}$; 2 pôles auxiliaires calés à $\dfrac{2\pi}{2p}$ en face des balais; le nombre de champs de l'induit est de 2. Nous aurons donc :

$$\chi = \frac{a\pi\mathrm{D}}{2p} + 1,6\,\mathfrak{B}'\,l'_e$$

$$\chi = \frac{a\pi\mathrm{D}}{2p} + 1,6\,\frac{l'_e\mathrm{E}'_c}{\mathrm{L'V}\nu}.$$

Le terme en $\dfrac{a\pi\mathrm{D}}{2p}$ ne change pas ; au voisinage du pôle seule intervient l'influence magnétique du pôle d'induit.

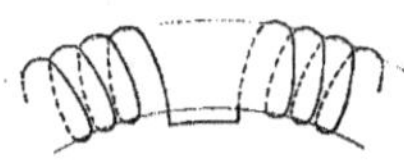

Par contre, $\mathrm{E}'_c = p\,\mathrm{E}_c$ car on a p bobines en série commutées à la fois, ν restant le nombre de spires (anneau) ou de fils (tambour)

Fig. 189.

dans une bobine (fig. 189). Nous aurons donc ainsi 2 pôles au lieu de $2p$ pôles, mais un nombre d'ampères-tours qui ne sera que p fois plus grand, donc économie.

Autre cas fréquent. — Enroulement multipolaire parallèle avec deux lignes de balais. On mettra deux pôles auxiliaires avec les ampères-tours série égaux aux ampères-tours d'un champ d'induit, avec le supplément nécessaire pour commuter p bobines à v spires à la fois. Il n'y aura pas économie, mais identité de dépense avec le premier cas (fig. 190).

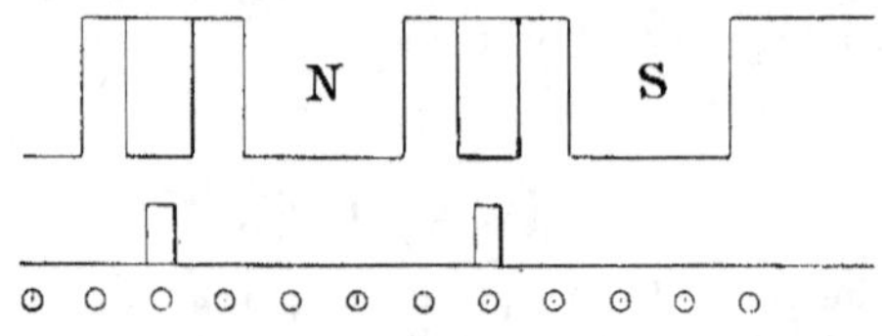

Fig. 190.

Remarques diverses sur l'emploi des pôles auxiliaires.

On a vu qu'on les employait dans tous les cas où l'on ne peut obtenir des excitations d'inducteurs assez prépondérantes par rapport aux actions magnétiques d'induit pour obtenir une bonne constance approximative de la tension et une bonne commutation.

Ils s'emploient également dans le cas de moteurs à vitesse très variable (moteurs shunt) dans lesquels la marge de vitesse demandée au rhéostat d'excitation serait telle qu'elle correspondrait à l'apparition d'étincelles inadmissibles au collecteur, en vertu de l'affaiblissement du champ inducteur.

Le calage des balais dans le cas de ces moteurs doit se faire exactement sur la ligne neutre, sinon on s'exposerait à de graves inconvénients sur l'étude desquels nous aurons l'occasion de revenir.

On remarquera, également, que les machines multipolaires à induit en tambour doivent être pourvues d'enroulements au moins presque diamétraux, de manière à ce que les éléments des sections commutées passent simultanément devant les pôles de commutation. On prendra aussi des entrefers suffisamment grands pour les pôles de commutation pour que la f. é. m. de commutation soit bien régulière.

Pôles de commutation et de compensation combinés.

Un très grand nombre de dispositifs ont été préconisés à cet effet. Nous n'entrerons pas dans cette étude, qui, vu les tendances actuelles de l'électrotechnique en la matière, serait illimitée.

3 mars   29

TABLE DES MATIÈRES